Peter Niggli · **Der Streit um die Entwicklungshilfe**

Peter Niggli

Der Streit um die Entwicklungshilfe

Mehr tun – aber das Richtige!

Herausgegeben von:

*alliance***sud**

Arbeitsgemeinschaft
Swissaid · Fastenopfer · Brot für alle
Helvetas · Caritas · Heks

Rotpunktverlag

© 2008 Rotpunktverlag, Zürich
www.rotpunktverlag.ch

Umschlag: Spielende Kinder in Djigibombo, Mali, 2001.
Foto: Wolfgang F. Meier/version
Druck und Bindung: freiburger graphische betriebe • www.fgb.de
ISBN: 978-3-85869-364-8

Inhalt

Einleitung 9

1. **Nach der Dritten Welt** 15

Ist die Nord-Süd-Kluft Vergangenheit? 19

Große Armut trotz tiefer Armutsgrenzen 20

Hunger: Quälend langsame Fortschritte 22

Die Zweiteilung der ehemaligen Dritten Welt 25

Bevölkerungsentwicklung, demografische Verschiebungen
und Migration 33

2. **Klimaerwärmung: Die nachholende Industrialisierung
bald am Ende?.** 35

Gravierende Folgen der Klimaerwärmung in Afrika und Asien 38

China vor dem großen Sprung rückwärts? 40

»Klimahilfe« 42

3. **Konzentration der Entwicklungshilfe** 45

Die acht Millenniums-Entwicklungsziele 47

Die Millenniumsziele sind realistisch 49

Zurück in die Sechzigerjahre? 51

Die Regierungen allein werden die Millenniumsziele nicht erreichen . . 53

Die Millenniumsziele sind kostengünstig 54

Exkurs: Was will die Schweiz?. 57

4. **Erfolge der Entwicklungszusammenarbeit** 61

Gesundheit und Bildung 61

Ländliche Entwicklung und Erwerbsförderung 62

Stärkung der Zivilgesellschaft 64

Völkerrechtliche Normen und Standards 65

Nepal: Katastrophe oder Entwicklungserfolg? 66

5. **Die Grenzen der Entwicklungszusammenarbeit** 69

Mehr Kohärenz in der Außenpolitik ist notig 73

6. **Die Praxis der Entwicklungszusammenarbeit** 75

Koloniales Erbe und technokratische Schlagseite 76

Die Lektionen der Praxis 78

Grundsätze der Entwicklungszusammenarbeit 81

Die Praxis der Entwicklungszusammenarbeit:

    Ein offener Lernprozess 83

7. **Nicht jede Entwicklungshilfe dient der Entwicklung** 85

Staatliche Entwicklungshilfe als Teil der Außenpolitik 86

Wer gibt wem warum Entwicklungshilfe? 89

Entwicklungshilfe zur Sicherung geostrategischer Interessen 93

Geber mit geringerer außenpolitischer Instrumentalisierung

    der Hilfe 95

Entwicklungshilfe als politischer Hebel – die »Strukturanpassung« . . . 96

Entwicklungshilfe zur Wirtschaftsförderung der Geberländer 101

Wie viel Entwicklungshilfe dient wirklich einem

Entwicklungszweck? 105

8. **Der blinde Fleck der Fundamentalkritik** 111

Selektiver Umgang mit wissenschaftlichen Studien 112

Äpfel mit Birnen vergleichen 114

Wirtschaftswachstum und Armutsbekämpfung 117

Wirksamkeitsstudien mit geringem Realitätsbezug 118

Die beiden Pole der Kritik an der Entwicklungshilfe 120

Entwicklung, die Wachstum und Armut zugleich produziert 122

9. **Woran leidet Afrika?** 125

Der afropessimistische Diskurs: Uns trifft keine Schuld 126

Welche Geschichte prägt Afrika? 127

Das wichtigste Erbe des Kolonialismus – die moderne Autokratie . . . 128

Historischer Bruch in Afrika – historische Kontinuität in Asien 129

Ungleiche Ausgangsbedingungen 131

Eine neue Aufteilung Afrikas oder eine neue Chance? 133

**10. Wohin? Aktuelle Debatten über Entwicklungs-
zusammenarbeit.** 137

Schwache Staaten weiter schwächen? 138

Die Hilfe »kauft keine Reform« 140

Welchen Ländern soll überhaupt geholfen werden? 143

»Gute Politik« – nicht immer gut und überdies schlecht messbar 144

Aid selectivity und Armutsreduktionsstrategien im Vergleich 147

Die Geber entdecken die fragilen Staaten. 149

Lieblinge und Waisen der Entwicklungshilfe 153

Die 3 D: *Defense, Diplomacy, Development* 154

Fragile Staaten: Vom Desengagement zum *state building* 157

Protektorate ohne Verantwortung? 159

Die »Paris Deklaration« – ein Fortschritt. 162

Risiken und Fallen der »Paris Deklaration« 165

Ausblick 168

**ENTWICKLUNGSZUSAMMENARBEIT:
DIE AGENDA VON ALLIANCE SUD** 169

Vorbemerkung 171

I.   Gründe für eine aktive Außenpolitik der Schweiz 173

II. Entwicklungspolitik: Mehr Kohärenz. 176

III. Politik der Entwicklungszusammenarbeit 180

Ziele der Entwicklungszusammenarbeit. 180

Konzentration auf das, was Entwicklungszusammenarbeit kann 182

»Paris Deklaration«: Mitarbeit unter Beibehaltung
schweizerischer Stärken 185

Neue Pisten in der multilateralen Entwicklungszusammenarbeit. 187

Für ein höheres, zielgerichtetes und transparentes
Entwicklungsbudget 188

Abkürzungsverzeichnis 191

Anmerkungen 193

Einleitung

Nützt die Entwicklungszusammenarbeit? Schadet sie? Profitieren davon die Ärmsten? Oder nur korrupte Machthaber? Seit einigen Jahren werden international und in der Schweiz solche Fragen heftig und kontrovers debattiert. Dabei ist eines nicht umstritten: Niemand leugnet, dass ein großer Teil der Menschheit in bitterer Armut ums Überleben kämpft. Und allen ist bewusst, dass die Lebenschancen auf diesem Planeten höchst ungleich und ungerecht verteilt sind. Um diese Probleme ist es der Entwicklungszusammenarbeit immer gegangen. Ihr Anspruch war und ist, den Ärmsten Chancen zu eröffnen und Hoffnung zu ermöglichen. Es steht jedoch zur Diskussion, ob die AkteurInnen der Entwicklungszusammenarbeit tatsächlich das Richtige machen, um diesen Anspruch zu erfüllen.

In der Debatte werden in der Regel zwei Fragen vermischt:

1. Die eine Frage ist, wie die Länder Asiens, Afrikas und Lateinamerikas aus Massenelend und Unfreiheit herausfinden.

2. Die andere Frage ist, was Entwicklungszusammenarbeit bewirken kann.

In den reichen Ländern glauben viele, Entwicklungshilfe sei die Antwort auf die erste Frage. Sie erwarten, dass »EntwicklungshelferInnen« die armen Länder wirtschaftlich vorwärtsbringen und von der bittersten Armut befreien können. Von solchem Denken sind auch viele Entwicklungsagenturen nicht frei.

Diese hohe Erwartung wird allerdings immer wieder enttäuscht. Mit gutem Grund: Sie geht von falschen Annahmen aus. Tatsächlich haben ja die AkteurInnen der Entwicklungszusammenarbeit weder die Macht noch das Know-how, noch die Legitimation, die armen Länder zu steuern und zu Prosperität und Fortschritt zu führen. Sie können nicht ohne die Mitwirkung der Menschen vor Ort handeln, und ihre Aktivitäten können nicht ersetzen, was die Menschen in den Entwicklungsländern selber unterlassen. Entwicklung ist ein Prozess gesellschaftlichen Wandels, der durch politische und soziale Auseinandersetzungen vorangetrieben oder gebremst wird. Naturgemäß spielen darin externe Kräfte und Institutionen meistens eine sekundäre Rolle.

Deshalb kann Entwicklungshilfe »Entwicklungsprozesse« nur unterstützend begleiten, nicht aber ihre Resultate diktieren. Dort, wo Entwicklungszusammenarbeit mehr will und sich ans Steuer der jeweiligen Länder drängt, scheitert sie. Das ist die Quintessenz der Kritik an der Hilfe, welche der ehemalige Weltbankökonom William Easterly in den letzten Jahren entwickelt hat. Er ist damit weltweit bekannt geworden. Seine sarkastische Kritik, vielleicht ja auch Selbstkritik, erleichtert es, ihn misszuverstehen. Fundamentalgegner der Entwicklungszusammenarbeit zitieren ihn heute als Kronzeugen gegen jede Hilfe, geben ihn damit aber verkürzt und verfälscht wieder. Die AkteurInnen der Entwicklungszusammenarbeit müssen – so Easterlys Botschaft – begreifen, dass sie eine sekundäre Rolle spielen, und sie können nur erfolgreich arbeiten und Wirkung erzielen, wenn sie sich dieser Rolle entsprechend verhalten. Easterlys Kritik nimmt auf und systematisiert, was private Hilfswerke und Entwicklungsorganisationen seit den Neunzigerjahren monieren – die Hilfe soll sich auf die Verbesserung der Lebensumstände der Ärmsten konzentrieren und ihnen damit neue Perspektiven eröffnen.

In diesem Buch steht die zweite Frage, was Entwicklungszusammenarbeit tun kann und soll, im Zentrum. Mit der ersten Frage, wie die Entwicklungsländer aus Massenelend und Unfreiheit herausfinden, setzt sich Alliance Sud im Buch *Nach der Globalisierung* auseinander.[2] Wir erörtern darin, warum einige Entwicklungsländer Asiens Erfolge erzielten, und zeigen, wie die heutigen internationalen Handels- und Kapitalverkehrsregeln die weniger erfolgreichen Ländern darin behindern, ihren eigenen »asiatischen Weg« einzuschlagen. Diese Regeln müssen verändert und »entwicklungsfreundlich« gemacht werden, wenn die ärmeren Länder nachhaltig aus der Misere herausfinden sollen.

Die gegenwärtigen Kontroversen über Entwicklungszusammenarbeit sind durch eine bemerkenswerte internationale Initiative ausgelöst worden. Im Jahr 2000 einigten sich die Mitgliedstaaten der Uno, darunter auch die Schweiz, auf die sogenannten Millenniums-Entwicklungsziele. Bis 2015 soll durch gemeinsame Anstrengungen die bitterste Armut auf der Welt halbiert werden. Es war anfänglich unklar, ob die Deklaration das Papier wert ist, auf dem sie steht. Mittlerweile hat sie eine überraschende politische Dynamik entfaltet. Heute erlauben die Millenniumsziele die Diskussion darüber, ob Entwicklungsgelder zur Verbesserung der Gesundheit von Müttern und Kleinkindern sowie zur Versorgung mit sauberem Trinkwasser eingesetzt werden – also zur Verbesserung der Lebensumstände der Ärmsten –, oder ob sie in Programme fließen sollen, die der Erfüllung überrissener Erwartungen der Geberländer, wenn nicht sogar der Befriedigung ihrer eigenen Interessen dienen.

Alliance Sud, die entwicklungspolitische Arbeitsgemeinschaft der Hilfswerke Swissaid, Fastenopfer, Brot für alle, Helvetas, Caritas und Heks, hat sich während zwei Jahren intensiv mit der Zukunft der Entwicklungszusammenarbeit und der Fundamentalkritik an der Hilfe auseinandergesetzt. Die Analysen, die der Diskussion zugrunde lagen, arbeitete Peter Niggli in den ersten Teil des vorliegenden Buchs ein. Alliance Sud formulierte, darauf gestützt, eine politische Agenda zur Entwicklungszusammenarbeit, die unsere Grundsätze und die wichtigsten politischen Anforderungen an die Entwicklungszusammenarbeit der Schweiz umfasst. Dieser Text wurde durch den Vorstand von Alliance Sud im Januar 2008 verabschiedet und macht den zweiten Teil des Buches aus.

Die spektakulären wirtschaftlichen Erfolge Chinas und anderer asiatischer Entwicklungsländer führten zu Diskussionen, wer denn überhaupt noch Hilfe erhalten soll. Pointierte Stimmen sehen die Nord-Süd-Kluft praktisch schon überwunden. Kapitel 1 zeigt, dass solche Auffassungen ein geschöntes Bild der Welt vermitteln und dass die krassen Ungleichheiten nach wie vor eine gewisse Umverteilung von der planetaren Minderheit der Reichen zur großen Mehrheit der Armen rechtfertigen.

Kapitel 2 zeigt, dass die Erfolge der nachholenden Industrialisierung einer Minderheit der Entwicklungsländer uns alle viel näher an die Grenzen der ökologischen Tragbarkeit der herkömmlichen industriellen Produktionsweise geführt haben. Obwohl China, Indien und andere in Sachen Industrialisierung und Wohlstand den alten Industrieländern noch weit hinterherhinken, hat sich ihr Anteil an den weltweiten CO_2-Emissionen seit 1980 verdoppelt. Geht der Trend ungebrochen weiter, wird die Klimaerwärmung in wenigen Jahrzehnten viele Entwicklungserfolge zunichte machen und die Ernährungsgrundlagen großer Teile der Menschheit untergraben. Die ärmsten Länder, die am wenigsten zur Klimaerwärmung beigetragen haben, werden durch ihre Folgen ungerechterweise am meisten betroffen. Niemand bestreitet, dass ihnen bei der Anpassung an die Klimaerwärmung geholfen werden muss – woher die Mittel für diese »Klimahilfe« kommen sollen, ist jedoch umstritten.

Kapitel 3 interpretiert die Millenniums-Entwicklungsziele der Uno als realistischen Versuch, die Entwicklungszusammenarbeit auf die Bereiche zu konzentrieren, die den Armen nützen und wo tatsächlich Erfolge erzielt werden können. Die Schweiz hat lange gezögert, die daraus folgenden finanziellen Konsequenzen zu ziehen.

Eine kritische Diskussion der Entwicklungszusammenarbeit muss sich klar werden, in welchen Bereichen Entwicklungszusammenarbeit bislang Erfolge erzielt hat. Und es ist zentral, die Grenzen der Entwicklungshilfe zu erkennen, damit ihr nicht Phänomene angelastet werden, gegen die sie naturgemäß nichts ausrichten kann. Das ist das Thema der Kapitel 4 und 5.

Über die Ziele der Entwicklungszusammenarbeit, zum Beispiel die Bekämpfung des Hungers oder den Aufbau von Bildungs- und Gesundheitssystemen, die auch die Armen erreichen, besteht beachtliche Einigkeit. Wie man diese Ziele praktisch erreicht, ist die schwierigere Frage. Die Entwicklungshilfebürokratien, die aus den alten Kolonialverwaltungen hervorgingen, waren nicht von Anfang an dazu prädestiniert, ihre eigene Rolle zurückzunehmen und die Empfänger der Hilfe als die hauptsächlichen Akteure der Entwicklung ihrer Länder zu sehen. Die Geschichte der Entwicklungshilfe lässt sich als offener Lernprozess darstellen, in dem es um diesen Rollenwechsel geht, wie wir in Kapitel 6 zeigen.

Die staatliche Entwicklungshilfe ist Teil des außenpolitischen Apparats der Industrieländer. Das begründet ihren Doppelcharakter: Sie kann entweder zur Förderung der Entwicklung der armen Länder beitragen oder aber zur Förderung der Macht und des Einflusses der Industrieländer eingesetzt werden. Tatsächlich dient längst nicht alles, was die Industrieländer als Entwicklungshilfe deklarieren, tatsächlich der Entwicklung der armen Länder. Ihre Geschichte ist voll von Auseinandersetzungen darüber, wie Kapitel 7 darstellt.

Die gegenwärtige Welle von Fundamentalkritik an der Entwicklungshilfe richtet sich gegen das Millenniumsprogramm der Uno. Sie benutzt wissenschaftliche Arbeiten über die Wirksamkeit der Entwicklungshilfe äußerst selektiv. Sie zitiert Arbeiten, die die eigene Argumentation unterstützen, und unterschlägt andere, die gegen sie sprechen. Die Fundamentalkritik schweigt sich zudem über die außenpolitische Instrumentalisierung der Entwicklungshilfe durch die Industrieländer aus. Deshalb sprechen wir in Kapitel 8 vom »blinden Fleck der Fundamentalkritik«.

Die desperate Lage vieler Länder Schwarzafrikas dient der Fundamentalkritik als Hauptargument für die Nutzlosigkeit jeglicher

Hilfe. Sie stellt afrikanische Traditionen und Kultur als hauptsächliche Ursache der »Unterentwicklung« Afrikas dar und behauptet, dass die Entwicklungshilfe diese Zustände zementiere. Tatsächlich lässt sich im Vergleich von Asien und Afrika jedoch herausarbeiten, unter welch ungleich schwierigeren Ausgangsbedingungen die afrikanischen Länder ihre kurze unabhängige Geschichte begonnen haben (Kapitel 9).

Die AkteurInnen der staatlichen Entwicklungshilfe begannen nach dem Kalten Krieg einen heute noch anhaltenden, selbstkritischen Reformprozess. Die außenpolitische Instrumentalisierung der Hilfe, welche der Kalte Krieg auf den Höhepunkt getrieben hatte, geriet ebenso in Kritik wie die Programme der strukturellen Anpassung oder die Praktiken, mit den Entwicklungsgeldern eigene wirtschaftliche Interessen zu bedienen. Kapitel 10 stellt dar, welche Konsequenzen die Industrieländer aus diesen Diskussionen ziehen und wo die Chancen und Fallen der staatlichen Entwicklungszusammenarbeit heute liegen.

»Schon lange vor dem Jahrtausendwechsel sprachen manche Inder davon, Indien müsse ins 21. Jahrhundert geführt werden, so als könne man das 20. Jahrhundert einfach überspringen. Indien lechzt nach Computern, Informationstechnologie, neuronalen Netzwerken, Video-on-Demand. Doch in den meisten Landesteilen funktioniert nicht einmal die Stromversorgung störungsfrei.«

SUKETU MEHTA[3]

1. Nach der Dritten Welt

Was verbindet heute China oder Indien, die kommenden «Giganten« der Weltwirtschaft, und beispielsweise Malawi, das kleine, arme Binnenland im südlichen Afrika? Beide haben nach den Regeln der internationalen Organisationen den Status Entwicklungsland. Gegenwärtig gelten 146 Länder als Entwicklungsländer und können international anrechenbare Entwicklungshilfe erhalten. Wer zu dieser Gruppe der Begünstigten gehört, handeln die alten Industrie- beziehungsweise Geberländer alle drei Jahre aus. Und zwar im Rahmen des DAC, des Entwicklungsausschusses der OECD.[4]

Ob alle diese Länder wirklich noch Entwicklungsländer sind und Hilfe »verdienen«, ist in der politischen Öffentlichkeit der Geberländer jedoch umstritten. In Deutschland zum Beispiel verlangten im Sommer 2007 Spitzenpolitiker der CDU und der FDP, dass China keine Hilfe mehr erhalten sollte, weil es als große Wirtschaftsmacht (und Konkurrent Deutschlands auf dem Weltmarkt) selber in der Lage sei, die Armut seiner Landsleute zu reduzieren. In ähnlicher Weise verkündete die schweizerische Außenministerin Micheline Calmy-Rey 2007 auf Staatsbesuch in New Delhi, Indien sei kein Entwicklungsland mehr, sondern »auf dem Weg zur Großmacht«. Die Schweiz wolle deshalb mit Indien nicht mehr in der Armutsbekämpfung, sondern in Klima-, Energie- und Umweltfragen zusammenarbeiten.[5]

Diese zum Teil erstaunlichen Äußerungen – in Indien leben mehr Menschen am Rande oder unterhalb des absoluten Existenzminimums als in ganz Schwarzafrika – sind eine Reaktion auf die starke Differenzierung der ehemaligen »Dritten Welt«. In den letzten 25 Jahren schafften es einige Entwicklungsländer, ihre nachholende Industrialisierung so voranzutreiben, dass sie wirtschaftlich und gesellschaftlich von den alten Industrieländern nur noch geringfügig unterschieden werden können. Sie sind mit Südkorea, Taiwan, Hongkong und Singapur allerdings an einer Hand abzuzählen und figurieren nicht mehr auf der DAC-Liste der Empfängerländer von Entwicklungshilfe. Ein Mittelfeld von Ländern wie etwa China oder Indien befindet sich in einem eindrücklichen Industrialisierungsprozess, hinkt aber der Spitzengruppe noch weit hinterher. Und schließlich gibt es viele, die sich bislang nicht aus ihrer »Unterentwicklung« haben befreien können, vor allem in Afrika. Schwarzafrika ist wie zu Kolonialzeiten als Lieferant von landwirtschaftlichen Rohstoffen und Bergbauprodukten in die Weltwirtschaft integriert und von einer nennenswerten Industrialisierung noch weit entfernt.

Anlass, die Empfänger von Entwicklungshilfe zu überdenken, geben jedoch nicht nur die wachsenden Unterschiede zwischen den Entwicklungsländern, sondern auch die Verschiebung der weltwirtschaftlichen Kräfteverhältnisse, die mit der wirtschaftlichen Entwicklung der beiden bevölkerungsreichsten Länder der Welt, Chinas und Indiens, einhergeht. Nehmen wir China als Beispiel, dessen Bevölkerung größer ist als die aller alten Industrieländer zusammengezählt. 2006 war China, nach Kaufkraft gerechnet, die zweitgrößte Wirtschaftsmacht – nach den USA und vor Japan. 1970, vor etwas mehr als dreißig Jahren, hatte es gerade mal einen Zwanzigstel des Wirtschaftsprodukts der USA erzielt. China war 2005 nach WTO-Angaben zusammen mit Hongkong der größte Güterexporteur der Welt, vor Deutschland, den USA und Japan. 1970 hatte es fast kein weltmarktfähiges Unternehmen besessen und in der Weltwirtschaft nur eine geringe Rolle gespielt. Schließlich ist China seit Kurzem auch der größte Kapitalexporteur der Welt. 2006 hatten seine Kapitalexporte einen Anteil von 17,3 Prozent am Total der Kapitalexporte – es überrundete damit Japan (11,1 Prozent) und Deutschland (10,1 Prozent) deutlich. Noch 1970 hatte China in Form von Mao-Bibeln Geist statt Geld exportiert.[6]

Tabelle 1

Anteile Asiens und der alten Industrieländer am Weltwirtschaftsprodukt 1960–2003[7]

	1960	%	1980	%	1990	%	2003	%
Industrieländer	4 945 765	58,6	11 295 804	56,4	15 019 501	55,3	20 234 682	49,6
Asien	1 160 796	13,8	2 918 912	14,6	4 790 501	17,7	12 412 094	30,3
davon China	441 694	5,2	1 041 142	5,2	2 123 852	7,8	6 187 983	15,1
davon Indien	326 910	3,9	637 202	3,2	1 098 100	4,0	2 267 136	5,5
Welt	8 434 828	100	20 042 400	100	27 136 041	100	40 913 386	100

Alles in Millionen kaufkraftgewichteter, sogenannter Purchasing-Power-Parity oder PPP-Dollars von 1990.

China steht nicht allein, sondern ist nur Beispiel für die erfolgreichen Entwicklungsländer Asiens. Wenn man die bestehenden Trends einfach extrapoliert, also von ökonomischen Einbrüchen, politischen Verwerfungen und ökologischen Katastrophen absieht, dann werden die asiatischen Länder noch in diesem Jahrhundert die alten Industrieländer als Gravitationszentrum der Weltwirtschaft ablösen. Da Geld Macht ist, würde dies früher oder später die 500-jährige weltpolitische und weltwirtschaftliche Dominanz Europas und der USA beenden.

In diesen Überlegungen sind drei Faktoren ausgeblendet: die Datenlage, die Bevölkerungszahl und die Wechselkurse. Werden sie berücksichtigt, relativieren sich Umfang und Tempo der weltwirtschaftlichen Verschiebungen deutlich.

Datenlage: Die Weltbank ist daran, das kaufkraftgewichtete Wirtschaftsprodukt einiger Länder, darunter auch Chinas und Indiens, mit aktuelleren Daten neu zu berechnen. Die Berechnungen für China beruhten bislang auf Daten aus den Achtzigerjahren, die heute keine reale Entsprechung mehr haben. Gestützt auf die neuen Berechnungen, reduziert sich das Bruttonationaleinkommen Chinas 2006 von rund 10000 auf 6000 Milliarden kaufkraftgewichtete Dollar. Indiens Bruttonationaleinkommen schrumpft ebenfalls um 40 Prozent. An der Rangfolge ändert das für China nichts: Es bleibt zweitgrößte Wirtschaftsmacht nach den USA.[8] Viele triumphalistische oder im Westen alarmistische Äußerungen über die Verschiebung der weltwirtschaftlichen Kräfteverhältnisse relativieren sich allerdings.

Bevölkerung: Das wirtschaftliche Gewicht Chinas oder Indiens schrumpft beträchtlich, wenn die viel größere Bevölkerung eingerechnet wird. China erwirtschaftete 2005 nach alten Weltbankangaben 71 Prozent des Bruttonationaleinkommens der USA, nach den neuen Berechnungen noch 43 Prozent, hatte aber eine fast fünf Mal größere Bevölkerung. Pro Kopf gerechnet, erzielte China deshalb statt 71 nur 16 (alte Berechnung) beziehungsweise nur etwa 10 Prozent (neue Berechnung) des amerikanischen Wirtschaftsprodukts, Indien sogar nur 8 beziehungsweise etwa 5 Prozent.

Wechselkurse: Die Größenordnungen verändern sich auch, wenn mit realen Wechselkursen statt mit kaufkraftgewichteten Einheiten gerechnet wird. Dann erzielte China nur 4 Prozent des amerikanischen Pro-Kopf-Produkts und Indien knapp 2 Prozent. Das passt nicht ganz zum Profil weltwirtschaftlicher Giganten. Während die Kaufkraftgewichtung den Lebensstandard der Einzelnen zu vergleichen erlaubt, drücken die Wechselkursverhältnisse besser aus, welche wirtschaftlichen Möglichkeiten ein Land im Vergleich mit anderen hat. So kann kein Land mit kaufkraftgewichteten Dollars Erdöl, Nahrungsmittel oder Spitzentechnologie importieren. Da zählt nur seine internationale Kaufkraft, also seine Währung zu Wechselkursen. Bezeichnenderweise werden die Stimmenanteile der Länder im Internationalen Währungsfonds (IWF) nach dem Wirtschaftsprodukt zu Wechselkursen und nicht nach Kaufkraft berechnet.

Ist die Nord-Süd-Kluft Vergangenheit?

Die weltwirtschaftliche Dominanz Asiens, die sich als künftige Möglichkeit abzeichnet, kollidiert mit dem bisher üblichen Weltbild, das die Diskussionen um globale Armut und Entwicklungszusammenarbeit begleitet hat. Ihm zufolge ist die Welt einer Pyramide vergleichbar: Ihren breiten Sockel bilden die fünfeinhalb Milliarden Menschen, die in Asien, Afrika und Lateinamerika leben; ihre schmale Spitze bevölkert die eine Milliarde Menschen Europas, Nordamerikas, Japans, Australiens und Neuseelands. Das ist die Nord-Süd-Kluft in der klassischen Version. Die deutsche FDP oder die schweizerische Außenministerin, die wir stellvertretend für viele zitiert haben, sehen die Dinge aber nicht mehr so. Sie dürften deshalb den Bildersturz begrüßen, zu dem ein prominenter Wortführer der internationalen Entwicklungsdiskussion, Paul Collier, 2007 aufgerufen hat: »Wir müssen lernen, die uns vertrauten Zahlen auf den Kopf zu stellen: Es gibt insgesamt fünf Milliarden Menschen, die schon wohlhabend sind oder sich zumindest auf dem Weg dazu befinden, und eine Milliarde, die am Fuß der Leiter stecken bleibt.« So Collier in seinem Buch *The Bottom Billion*, über die eine Milliarde Menschen, die in bitterster Armut gefangen sei.[9]

Der Ökonom begründet seinen Bildersturz damit, dass vier Milliarden Menschen in Ländern wie China oder Indien lebten, die sich in einem raschen Industrialisierungsprozess befänden. Diese Länder seien daran, ihre Bevölkerungen aus der bittersten Armut herauszuführen. Nur die *bottom billion* bleibt laut Collier im Elend stecken.

Ihr müsse mit verschiedenen Mitteln, darunter auch mit Entwicklungszusammenarbeit, geholfen werden. Zur *bottom billion* zählt er die meisten afrikanischen Länder sowie Bolivien, den Jemen, die zentralasiatischen Länder, Burma, Kambodscha, Laos und Nordkorea.

Mit Collier sieht die Welt um einiges besser aus. Noch in den Neunzigerjahren galt, in den Worten des amerikanischen Wirtschaftshistorikers David Landes, »die Kluft, die arme und reiche Nationen trennt« nicht nur als »große Herausforderung«, sondern auch als »Bedrohung«.[10] Mit Collier fällt das »Bedrohungsgefühl«, das die benachteiligten fünf Sechstel der Menschheit der privilegierten Milliarde bereiten, weg: Stattdessen haben wir es »nur« mit dem leichter handhabbaren Problem einer globalen Minderheit, der ärmsten Milliarde, zu tun. Colliers These fand einigen Anklang in der internationalen Wirtschaftspresse und bei führenden Personen der Entwicklungspolitik, zum Beispiel beim Weltbankpräsidenten Robert Zoellick. Auf den ersten Blick scheint sie die Wirklichkeit besser abzubilden als die klassische Pyramide. Für Collier sprechen die zwei Punkte, die wir behandelt haben: die Differenzierung oder der Zerfall der »Dritten Welt«, die früher als Einheit gedacht worden ist. Und die Verschiebung der weltwirtschaftlichen Kräfteverhältnisse. Colliers These ist allerdings auch problematisch. Erstens verleitet der Bildersturz – die Reduktion der Nord-Süd-Kluft auf das Problem der *bottom billion* – zu einer allzu rosigen Vorstellung der Welt. Und zweitens ist der Erfolg der nachholenden Industrialisierung für die große Mehrheit der Menschen weder so durchschlagend noch so gesichert, wie die These suggeriert.

Große Armut trotz tiefer Armutsgrenzen

Im internationalen Entwicklungsdiskurs ist bekanntlich ebenfalls von einer *bottom billion* die Rede, die sich allerdings nicht mit derjenigen Colliers deckt. Es handelt sich dabei um die Milliarde Menschen, die von weniger als einem Dollar pro Tag leben und deren

Los die Uno-Mitglieder mit den Millenniums-Entwicklungszielen verbessern wollen. Zu sagen, diese Menschen seien bitter arm, ist untertrieben. Sie befinden sich eher in einem beschleunigten Vorlauf auf den Tod. Internationale Organisationen haben einen Dollar pro Tag als absolute Armutsgrenze festgelegt – wer weniger hat, ist meist unterernährt, oft krank und haust immer in menschenunwürdigen Verhältnissen. Nicht zufällig deckt sich die Zahl der Menschen, die weltweit an Hunger leiden, praktisch mit der Zahl der Ärmsten. Wenn die Millenniums-Entwicklungsziele die bitterste Armut halbieren wollen, geht es um diese Milliarde Menschen, die zu wenig zum Überleben hat. Ihr Anteil an der Gesamtbevölkerung der Entwicklungsländer lag 1990 bei 31,6 Prozent und sank bis 2004 auf 19,2 Prozent. 2015 sollten nur noch rund 15 Prozent in solchem Elend verharren. Der deutliche Fortschritt der letzten fünfzehn Jahre in der Reduktion der bittersten Armut ist vor allem auf China und Südostasien zurückzuführen.[11]

Wie steht es mit den anderen viereinhalb Milliarden Menschen, welche die Entwicklungsländer bevölkern? Wer über mehr als einen Dollar pro Tag verfügt, ist ja noch lange nicht »wohlhabend«. Jenseits der Ein-Dollar-Grenze beginnt erst die sozusagen überlebensfähige Armut. International wird deshalb oft mit einer zweiten Armutsgrenze von zwei Dollar pro Tag gerechnet. 2,5 Milliarden Menschen oder 46 Prozent der Bevölkerung der Entwicklungsländer leben von einem Einkommen zwischen einem und zwei Dollar pro Tag in »überlebensfähiger« Armut. Zusammen mit der Milliarde, die weniger als einen Dollar hat, machen sie zwei Drittel aller Menschen in Asien, Afrika und Lateinamerika aus. Bezeichnenderweise liegen die tiefsten Löhne, die weltweit bezahlt werden, zwischen diesen absoluten Ein- und Zwei-Dollar-Armutsgrenzen. Nach Angaben der Internationalen Arbeitsorganisation (ILO) erhielten 2004 über 1,3 Milliarden ArbeiterInnen – das waren 47 Prozent aller Lohnabhängigen der Welt – Löhne von unter zwei Dollar, über eine halbe Milliarde oder 19 Prozent sogar von weniger als einem Dollar pro Tag.[12]

Hunger: Quälend langsame Fortschritte

Weltweit sind 860 Millionen Menschen unterernährt, ein Sechstel der Bevölkerung der Entwicklungsländer oder ein Achtel der Weltbevölkerung. Vor allem in Schwarzafrika (213 Mio., 28% der Bevölkerung), in Indien (210 Mio., 19%) oder in China (154 Mio., 12%).[13] Speziell betroffen sind Frauen und Kinder: Sie machen über 70 Prozent der Hungernden aus. Jahr für Jahr sterben rund 6 Millionen Kinder an Hunger und chronischer Mangelernährung.[14] Dabei gibt es genügend Nahrungsmittel. Die Länder im Norden produzieren Überschüsse und werfen sie mit Subventionen verbilligt auf den Weltmarkt, während es den Ärmsten im Süden am Nötigsten fehlt. Gemäß der Ernährungs- und Landwirtschaftsorganisation der Uno (FAO) würde die weltweite jährliche Getreideproduktion trotz Bevölkerungswachstum ausreichen, um alle Menschen versorgen zu können. Global ist also bislang die Ernährungssicherheit gegeben, aber nicht für alle Regionen und vor allem nicht für alle Bevölkerungsschichten. Wer keinen Zugang zu Wasser und Land hat und über fast kein Einkommen verfügt, leidet an chronischer Unterernährung oder ist von akuter Hungersnot bedroht.

Es ist möglich, dass sich diese Verhältnisse künftig stark verändern. Zum ersten Mal seit Langem sind die Nahrungsmittelpreise am Steigen. Dazu tragen unter anderem die größere Nachfrage und der steigende Fleischkonsum der erfolgreichen asiatischen Länder bei sowie die Verdrängung des Nahrungsmittelanbaus durch Agrartreibstoffe. Die Überschüsse im Norden schrumpfen, während sich am Horizont in Asien und Afrika wegen der Klimaerwärmung gravierende landwirtschaftliche Ertragseinbußen abzeichnen.

Es gibt Fortschritte in der Bekämpfung des Hungers, allerdings sehr langsame. Während die absolute Zahl der Hungernden weiterhin leicht wächst, ist ihr prozentualer Anteil an der Gesamtbevölkerung der Entwicklungsländer seit 1990 von 20 auf 17 Prozent leicht gesunken. Verbesserungen gab es nicht nur, wie zu erwarten, in Asien oder Lateinamerika, sondern auch in Schwarzafrika, ausgenommen in den

Ländern Zentralafrikas. Dort haben vor allem die Kriege und Unruhen in und um den Kongo den Anteil der Hungernden vergrößert.

Faktoren, die den Hunger zurückdrängen, gibt es viele. Zum Beispiel:

- starkes wirtschaftliches Wachstum, wie in Asien;
- die Beendigung von lang anhaltenden bewaffneten Konflikten, zum Beispiel im südlichen Afrika;
- Sozialprogramme von Regierungen gegen Hunger, zum Beispiel in Brasilien oder Vietnam;
- Anstrengungen zur Modernisierung der kleinbäuerlichen Landwirtschaft (zum Beispiel in Mali).

Die Entwicklungszusammenarbeit trägt in vielen dieser Situationen zur Verbesserung bei. Ihre Intervention hat auch die Prävention gegen akute Hungersnöte, wie sie Afrika noch in den Siebziger- und Achtzigerjahren häufig erlebt hat, verstärkt.

Obwohl Asien die größten Verbesserungen des Lebensstandards erzielt hatte, lebt nach wie vor mehr als die Hälfte der Ärmsten der Welt (Ein- und Zwei-Dollar-Grenze) in Asien. Rechnet man Asien ohne China, dann leben sogar 66 Prozent seiner Bevölkerung mit weniger als zwei Dollar pro Tag. Asien unterscheidet sich darin nicht von Afrika, wo ebenfalls 66 Prozent mit weniger als zwei Dollar auskommen müssen.[15] In China selber sind immer noch fast die Hälfte (47 Prozent) beziehungsweise 600 Millionen Menschen vom Wirtschaftswunder ausgeschlossen und müssen sich mit weniger als zwei Dollar pro Tag bescheiden. 600 Millionen sind es auch in Afrika. Deutlich andere Proportionen herrschen nur in Lateinamerika: Dort lebt »nur« ein Viertel der Bevölkerung unter der Zwei-Dollar-Grenze.

Auch diese Zahlen sind mit Vorsicht aufzunehmen. Die Datenrevision der Weltbank von 2007 wird zu einer Revision der Zahl der Menschen führen, die unter der Ein-Dollar-Grenze leben. In China steigt sie von 100 auf 300 Millionen an.[16] Auch Indiens Daten müssen revidiert werden, wie eine öffentliche Kontroverse im Sommer 2007 zeigte. Offiziellen Angaben zufolge leben in Indien nur noch 21 Prozent der Bevölkerung unter der nationalen absoluten Armutsgrenze. Allerdings legen die indischen Behörden diese auf 12 Rupien oder weniger als einen Drittel-Dollar fest. Das hat viele der Ärmsten reicher gemacht, ohne dass sie es realisierten. Ein Bericht der Regierung vom Sommer 2007 kam zum Schluss, dass mit der internationalen Armutsgrenze gerechnet eine weit größere Zahl von der InderInnen über weniger als einen Dollar pro Tag verfügen, als bisher angenommen worden ist.[17]

Deshalb sind auch andere international gebräuchliche Daten über die Einkommensverteilung in Indien fraglich. Zum Beispiel schätzt das amerikanische Population Reference Bureau, dass in Indien 80 Prozent der Bevölkerung mit weniger als zwei Dollar pro Tag auskommen müssen. Wenn die Ein-Dollar-Armut aber viel weiter verbreitet ist, als bislang gedacht, gibt es guten Grund, die amerikanische Zwei-Dollar-Schätzung nach oben zu revidieren. Statistisch fällt das stark ins Gewicht: In Indien und China leben fast 40 Prozent der Menschheit.

Die Zweiteilung der ehemaligen Dritten Welt

All dies zeigt, dass die Nord-Süd-Kluft im landläufigen Sinn nicht unmittelbar vor ihrer Überwindung steht, auch wenn Paul Collier die Relationen auf den Kopf stellen will. Er würde das allerdings auch nicht bestreiten. Sein Argument ist ja, dass sich – von der bedauernswerten *bottom billion* abgesehen – der Rest der Bevölkerung Asiens, Afrikas und Lateinamerikas auf dem Weg zur Prosperität befindet, weil sie in Ländern leben, die sich erfolgreich industrialisieren beziehungsweise in den Worten Colliers in die globalisierte Weltwirtschaft integrieren. Er sieht das Problem der *bottom billion* darin, dass sie von der Globalisierung und ihrer wachstums- und reichtumsfördernden Potenz ausgeschlossen sei.

Mit dieser Potenz ist es allerdings nicht weit her, wie ein Rückblick auf die letzten 25 Jahre Globalisierung zeigt. Der Entwicklungsweg der früheren Dritten Welt hat sich nach 1980 deutlich zweigeteilt, aber anders, als Collier behauptet. Ein Teil der Entwicklungsländer erzielte nur noch geringe wirtschaftliche Fortschritte oder fiel sogar zurück, während sich der andere Teil bei anhaltend hohem Wirtschaftswachstum weiter industrialisierte. Dabei hat sich nicht einfach die *bottom billion* vom großen Rest der erfolgreichen Entwicklungsländer abgehoben, wie Tabelle 2 zeigt – in die Stagnation gerieten nach 1980 auch Lateinamerika oder der Nahe Osten, zwei vergleichsweise reiche Regionen.

Tabelle 2 stellt die Entwicklung des Pro-Kopf-Produkts nach Kontinenten zwischen 1960 und 2003 dar. Wie die Spalten A und B zeigen, stagnierte das Wirtschaftswachstum der ehemaligen Zweiten und Dritten Welt seit 1980, mit Ausnahme von Ost- und Südasien, oder es blieb deutlich kleiner als zwischen 1960 und 1980, in der Ära regulierter Finanzmärkte und bloß gradueller Handelsöffnung. Lateinamerika blieb nach 1980 praktisch stecken, nachdem es sein Pro-Kopf-Produkt zwischen 1960 und 1980 fast verdoppelt hatte. Dem Nahen Osten ging es ähnlich wie Lateinamerika. Die Länder der ehemaligen Sowjetunion hatten 2003 sogar ein tieferes Pro-Kopf-Produkt als 1980. Und Afrika stagnierte nach 1980, nachdem es, bei stark wachsender Bevölkerung, sein Pro-Kopf-Produkt in den ersten beiden Jahrzehnten der Unabhängigkeit um die Hälfte gesteigert hatte.

Tabelle 2

Pro-Kopf-Produkt für ausgewählte Regionen/Länder 1960–2003[18]

Region/Land	1960	1980	A*	1990	2003	B**
Welt	2775	4521	163	5162	6516	144
USA	11328	18577	164	23201	29037	156
Westeuropa	6896	14056	204	16870	20596	147
Ostasien	959	1868	195	2707	4459	239
Japan	3986	13428	337	18789	21218	158
China	626	1061	169	1871	4803	453
Indien	753	938	125	1309	2160	230
Lateinamerika	3129	5440	174	5072	5786	106
Nahost	2492	5393	216	4863	5899	109
Afrika	1063	1538	145	1449	1549	101
Ex-Sowjetunion	3945	6427	163	6890	5397	84

Alles in Millionen kaufkraftbereinigter Dollars (PPP).
*)   A = 1980 in Prozent von 1960 (das indische Pro-Kopf-Produkt wuchs von 1960 bis 1980 um 25 Prozent).
**)   B = 2003 in Prozent von 1980 (also das indische Pro-Kopf-Produkt wuchs von 1980 bis 2003 um 130 Prozent).

Man könnte, um Collier zu stützen, einwenden, ganze Kontinente miteinander zu vergleichen, liefere ein allzu grobes Bild. Was er mit dem Weg zur Prosperität ausdrücke, beziehe sich neben den erfolgreichen Ländern Asiens auch auf die Schwellenländer Lateinamerikas und Afrikas (Mexiko, Brasilien, Argentinien, Chile, Südafrika usw.) oder das trotz Rückschlägen nach wie vor starke Russland. In den jüngsten Jahren wurden diese ja als BRIC-Länder (Brasilien, Russland, Indien, China) bekannt und von den alten Industrieländern umworben.

Tabelle 3

Nachholende Industrialisierung[19]

1. Nachholende Industrialisierer **MIT** Industrieerfahrung vor dem Zweiten Weltkrieg								
Asien	A*	B**	Lateinamerika	A*	B**	Afrika/ Naher Osten	A*	B**
China	169	453	Chile	133	193	Türkei	179	168
Südkorea	336	382	Mexiko	200	113			
Taiwan	393	294	Brasilien	223	107			
Thailand	237	282	Argentinien	148	93			
Malaysia	239	232						
Indien	125	230						
Indonesien	184	189				[Südafrika]	144	98

2. Nachholende Industrialisierer **OHNE** Industrieerfahrung vor dem Zweiten Weltkrieg								
Asien	A*	B**	Lateinamerika	A*	B**	Afrika/ Naher Osten	A*	B**
Vietnam	95	287	Kolumbien	171	123	Tunesien	219	169
Pakistan	179	162	Honduras	147	94	Ägypten	209	147
Philippinen	161	107	Ecuador	180	83	Nigeria	167	95
			Venezuela	105	69	Kenia	145	95

*)   A = Wachstum des Pro-Kopf-Produkts in Prozent von 1960 bis 1980.
**)   B = Wachstum in Prozent von 1980 bis 2003.

Die Zweiteilung der Dritten Welt nach 1980 zeigt sich jedoch auch bei den BRIC-Ländern, also bei der Minderheit der Entwicklungsländer, die mit einigem Erfolg eine Industrialisierung versucht haben (siehe

Tabelle 3). Unsere Darstellung folgt der amerikanischen Ökonomin Alice Amsden, einer der besten Kennerinnen der nachholenden Industrialisierung. Amsden unterscheidet zwei Gruppen: Die erste Gruppe von zwölf Entwicklungsländern, die die größten industriellen Fortschritte erzielte, hatte schon vor dem Zweiten Weltkrieg Industrieerfahrungen gesammelt. Die zweite Gruppe von Nachzüglern machte ihre Industrieerfahrungen erst nach dem Weltkrieg. Wir bezeichnen im Folgenden die Entwicklungsländer, die eine nennenswerte nachholende Industrialisierung begonnen haben, als »Industrialisierer«.

Auf den ersten Blick fällt auf, dass es in Afrika kein einziges Land der ersten Gruppe gibt.[20] Zweitens zeigt Tabelle 3 die gleiche Zweiteilung des Entwicklungswegs der ehemaligen Dritten Welt wie der Vergleich zwischen den Kontinenten von Tabelle 2. Nach 1980 waren nur die asiatischen Länder wirklich erfolgreich – nur sie konnten den Wachstumspfad wahren, den sie schon vor 1980 eingeschlagen hatten.

Die lateinamerikanischen Industrialisierer stagnierten hingegen nach 1980 oder erlitten sogar Rückschläge. Ihre großen Erfolge hatten sie zwischen 1945 und 1980 erzielt: Mexiko und Brasilien mit Wachstumsraten, die denjenigen der asiatischen Länder nahe kamen. Nur Chile ist eine Ausnahme: Es hat sich allerdings nach 1973 weitgehend deindustrialisiert und lebt heute von einer modernisierten, auf die Bedürfnisse der nördlichen Absatzmärkte ausgerichteten kontrazyklischen Landwirtschaft und der Kupferförderung, die sich nach wie vor in staatlichen Händen befindet. Einen ähnlichen Rückzug auf eine leistungsstarke Exportlandwirtschaft vollzog nach 1980 Argentinien; sein Pro-Kopf-Produkt ist jedoch, im Unterschied zu Chile, eingebrochen.[21]

Die drei Industrialisierer auf dem Territorium des früheren ottomanischen Reichs – die Türkei, Ägypten und Tunesien – bilden schließlich so etwas wie ein Mittelfeld und hielten sich auch in der Ära der Globalisierung relativ gut. Dies ganz entgegen der kulturkritischen Schelte westlicher Experten nach dem 11. September 2001, die Islam und arabische Welt mit Stagnation gleichsetzen.

Unsere Übersicht zeigt, dass sich anfängliche Industrialisierungserfolge nicht zwangsläufig konsolidieren und vertiefen lassen. Die lateinamerikanischen Länder begannen ihre Industrialisierung in den Dreißiger- und Vierzigerjahren (Mexiko schon früher) und trieben sie vor allem in den drei Jahrzehnten vor der Schuldenkrise 1982 voran. Die vom kapitalistischen Weltmarkt mehr oder weniger abgeschottete Sowjetunion war bei Weitem industrialisierter und urbanisierter als das China von Mao Tse Tung und hatte in den Sechzigerjahren wegen asiatisch anmutender Wachstumsraten im Westen Aufsehen und Besorgnis erregt.[22] Nach 1989 trieb jedoch eine fehlgeleitete ultraliberale Rosskur unter der gütigen Anleitung amerikanischer Experten und des IWF ihre Unternehmen und Industrien in den Ruin.[23] Hätte China eine »russische Transition« vollzogen, wäre es heute, statt zweitgrößte Wirtschaftsmacht, das Armenhaus der Welt.

Über die Gründe für die Zweiteilung des Entwicklungsweges der Dritten Welt nach 1980 gibt es eine breite Debatte. Damals veränderten sich die weltwirtschaftlichen Bedingungen. Und länderspezifische Charakteristika gaben den Ausschlag, ob mit diesen Veränderungen produktiv umgegangen werden konnte. Waren die USA nach dem Zweiten Weltkrieg bis Ende der Siebzigerjahre der größte Kapitalexporteur der Welt, sind sie seither zum größten Kapitalimporteur geworden und haben damit ihre wachsenden Außenbilanz- und Budgetdefizite finanziert. Nach 1980 halbierte sich das Wirtschaftswachstum Westeuropas und Nordamerikas und brach ihre Nachfrage nach Rohstoffen und Bergbauprodukten aus der Dritten Welt ein. Deshalb fließt heute mehr Kapital aus dem Süden in den Norden als umgekehrt.[24] Diese tektonischen Veränderungen kombinierten sich 1979/80 mit heftigen wirtschaftlichen Schocks – mit dem zweiten Ölpreisschock im Gefolge der iranischen Revolution und dem drastischen Anstieg der Dollarkurse und Realzinsen wegen der antiinflationären Geldpolitik der amerikanischen Zentralbank. Zusammen trieben diese Faktoren 1982 eine ganze Reihe von Ländern in die Zahlungsunfähigkeit und eine tiefe, lang anhaltende Wirtschaftskrise.

Nicht alle Länder der Dritten Welt konnten auf diese Veränderungen angemessen reagieren. Länder mit tief gespaltenen Gesellschaften, also potenziell starkem sozialem Konflikt, und schwachen Institutionen der Konfliktregelung und des Interessenausgleichs überstanden die externen wirtschaftlichen Schocks am schlechtesten. Dazu gehörten die lateinamerikanischen Industrialisierer, deren Gesellschaften die weltweit höchste Einkommensungleichheit aufwiesen (und aufweisen). Oder die schwarzafrikanischen Länder, die neben hoher sozialer Ungleichheit im weltweiten Vergleich die größte ethnische Fragmentierung und die historisch am schwächsten legitimierten Staaten haben.[25]

Solche weltwirtschaftlichen Verschiebungen und Schocks gehören aber nicht einfach der Vergangenheit an – sie werden auch in Zukunft vorkommen. Im Hinblick auf unsere Überlegungen stellt sich die Frage, ob China, Indien und die anderen erfolgreichen asiatischen Entwicklungsländer künftig damit ebenso gut umgehen können, wie sie dies in der Vergangenheit vermochten. Oder ist auch bei ihnen eine »Lateinamerikanisierung« möglich? Eine steigende Unzufriedenheit und politische Polarisierung, wie sie die lateinamerikanische Politik in den Sechzigerjahren prägte, gerade weil sich neue Möglichkeiten eröffneten, aber nicht so rasch und nicht für alle gleichzeitig? Wäre deshalb auch in Asien ein Abbruch des Wachstumspfads auf einem mittleren Niveau möglich – wie das zum Beispiel die Philippinen seit 1980 tatsächlich erleben? Könnte sich in China oder Indien – ähnlich wie in Brasilien – ein dauerhaftes Nebeneinander von weltmarktintegrierten, industrialisierten Regionen und Städten und von peripheren ländlichen und städtischen Armenhäusern der »informellen« Arbeit und Unterbeschäftigung herausbilden? Drei Punkte sind in diesem Zusammenhang zu bedenken:

1. Für den Verlauf der asiatischen Finanzkrise von 1997/98 war es entscheidend, dass weder China noch Indien den Finanzmarkt vollständig geöffnet hat und deshalb praktisch nicht betroffen war. Beide Länder stehen aber unter enormem Druck der alten Industrie-

länder, ihren Kapitalmarkt weiter zu öffnen. Kommt hinzu, dass ihre reich und reicher werdenden Wirtschaftseliten selber Appetit auf völlige Kapitalverkehrsfreiheit entwickeln und künftig darauf drängen dürften.

2. Bislang hat es die Kommunistische Partei Chinas verstanden, alle Anfechtungen ihrer unbeschränkten Macht zu überstehen und das Land durch wirtschaftliche Erfolge und Nationalismus zusammenzuhalten. Es wird jedoch sehr kontrovers diskutiert, ob sie fähig ist, die politischen Institutionen graduell weiter zu öffnen und mehr politische Teilhabe zuzulassen, oder ob ihre Herrschaft schließlich an allzu großer Rigidität zerbrechen wird. Würde die chinesische Partei eine ausgewachsene Wirtschaftskrise besser überstehen als das Regime Suhartos in Indonesien, das die sozialen Unruhen im Gefolge der Asienkrise von der Macht gefegt hatten?

3. In der Vergangenheit zeichneten sich die erfolgreichen Entwicklungsländer Asiens durch eine relativ geringe soziale Ungleichheit aus. In Korea und Taiwan und später in China und Vietnam haben Landreformen, die kleinbäuerliche Eigentums- oder Nutzungsrechte stärkten, einen wesentlichen Impuls zur Produktivitätssteigerung der Landwirtschaft und zu einer steigenden Inlandnachfrage nach Industriegütern gegeben. Heute wachsen in vielen asiatischen Ländern die sozialen Ungleichheiten rasch an, am rasantesten in China. Die Asian Development Bank warnt, dass die wachsende Ungleichheit soziale Unruhen schüren und die Wirtschaftserfolge Asiens infrage stellen könnte. Der *Economist* spricht sogar von lateinamerikanischen Zuständen. In China befindet sich seit einigen Jahren der Anteil der Löhne am Wirtschaftsprodukt im freien Fall. Machten 1998 die Löhne 53 Prozent aus, dürften sie 2006 unter 40 Prozent gerutscht sein. Der Löwenanteil geht an die Kapitalbesitzer und die Regierung.[26]

Die Lage Indiens ist nicht komfortabler. Hier leben immer noch fast sechzig Prozent der Bevölkerung von der Landwirtschaft. Diese steckt seit Anfang der Neunzigerjahre in der Krise; die ländlichen Einkommen, ohnehin schon oft unter der Armutsgrenze, stagnieren, der Anteil der Landlosen steigt. Die Verzweiflung wird augenfällig in den Selbstmorden von über 100000 Bäuerinnen und Bauern zwischen 1998 und 2003. Es gibt wohl heute kein anderes Land, dessen Elite sich auf dem Weg an die Weltspitze wähnt, während sich gleichzeitig – abseits der Zonen des Wirtschaftsbooms – eine »klassisch« maoistische Guerilla auf einem großem Territorium ausbreiten kann.[27]

Die eingangs gestellte Frage, wer denn überhaupt noch Hilfe »verdiene«, lässt sich nun etwas besser beantworten. Es spielt eine Rolle, ob man von Ländern oder von Menschen spricht. Spricht man von Ländern, gibt es heute eine Reihe von Entwicklungsländern, die reich genug scheinen, um für ihre wirtschaftliche und soziale Entwicklung nicht (mehr) auf externe Hilfe angewiesen zu sein. Andere hingegen schon, und zwar von Lateinamerika über Afrika bis Asien. Spricht man von Menschen, verschiebt sich das Bild. In den meisten Entwicklungsländern, auch in den erfolgreichen kommenden »Wirtschaftsmächten« wie China oder Indien, lebt die Mehrheit oder die große Mehrheit der Bevölkerung nach wie vor unter oder knapp über dem absolut Lebensnotwendigen. Ja, global gesehen, ist die größte Armut immer noch hier konzentriert. Große Verteilungsungleichheiten in Lateinamerika und rasant steigende Ungleichheiten in den asiatischen Ländern bewirken, dass sich daran durch reines Wirtschaftswachstum dort, wo es überhaupt eines gibt, nichts so rasch ändern wird. Dass sich in China und Indien in den vergangenen zwanzig Jahren Hunderte von Millionen Menschen aus der bittersten Armut herausarbeiten konnten, ist keine Garantie dafür, dass sich das in Zukunft wiederholen wird.

Insgesamt ist die Ungleichheit an Chancen und Lebensmöglichkeiten zwischen der planetaren Minderheit der alten Industrieländer und einem großen Teil der ehemaligen Dritten Welt so krass geblieben, dass der Fall für eine Umverteilung, für eine Unterstützung der Armen durch die Reichen, trotz aller Erfolge der letzten Jahrzehnte immer noch gegeben ist. Wie man das macht, damit es den Armen tatsächlich nützt, ist damit noch nicht beantwortet.

Bevölkerungsentwicklung, demografische Verschiebungen und Migration

Mitte 2006 lebten schätzungsweise 6,5 Milliarden Menschen auf der Erde. Bis 2050 dürften es nach gegenwärtigen Trends 9,2 Milliarden sein. Heute lebt etwa die Hälfte aller Menschen in Städten, in Zukunft wird es die große Mehrheit sein. Wichtig ist, festzuhalten, dass in den vergangenen vierzig Jahren die Bevölkerungswachstumsraten deutlich gesunken sind, in den Entwicklungsländern viel schneller als angenommen. Dafür gibt es viele Gründe: die Reduktion der Armut in Asien; vielerorts verbesserte Bildungsmöglichkeiten und Gesundheitsdienste für Frauen; die in allen Kontinenten erstarkten Frauenbewegungen; die Verringerung der Kindersterblichkeit und mehr Angebote zur aktiven Geburtenkontrolle. Seit Beginn des neuen Jahrtausends ist der Weltbevölkerungszuwachs rückläufig – gegen Ende des Jahrhunderts erwarten Demografen, dass die dann vielleicht 11 Milliarden zählende Weltbevölkerung zu sinken beginnt. Dabei wird vorausgesetzt, dass die Ökosysteme menschliches Leben in Zukunft nicht erschweren, sonst könnte der negative Trend schon früher einsetzen. In den nächsten Jahrzehnten dürfte auch in den Entwicklungsländern der Anteil der alten Menschen an der Gesamtbevölkerung stark ansteigen und sie, angesichts des Zerfalls der hergebrachten Familienversorgungssysteme, vor große sozialpolitische Herausforderungen stellen.[28]

Verschiedene Faktoren verursachen eine stete langsame Zunahme der Migration:

1. die transnationale Mobilität einer globalen Elite;
2. der Arbeitskräftebedarf in den reichen Ländern und in einzelnen stark wachsenden Entwicklungsländern;
3. Vertreibungen durch Verfolgung, gewaltsame Konflikte und Umweltprobleme;
4. eine Perspektiv- und Hoffnungslosigkeit in vielen benachteiligten Regionen der Welt.

2000 rechnete man mit 174,9 Millionen MigrantInnen. Davon waren 16,6 Millionen Flüchtlinge, von denen 81 Prozent durch Entwicklungsländer aufgenommen worden sind.[29] MigrantInnen aus armen Ländern leisten durch Unterstützungszahlungen an ihre Familien einen wachsenden Beitrag an die Finanzzuflüsse in ihre Ursprungsländer. Im internationalen Diskurs werden vermehrt die Chancen und Potenziale der Migration hervorgehoben. In den Einwanderungsländern wachsen hingegen vielerorts die Widerstände. Vor allem dort, wo die Einwanderung politisch nicht aktiv unterstützt und die Integration der MigrantInnen erschwert wird.

»Das Wirtschaftswunder wird bald enden,
weil die Umwelt nicht länger mithalten kann.«

PAN YUE[30]

2. Klimaerwärmung: Die nachholende Industrialisierung bald am Ende?

Nicht nur ökonomische Verschiebungen und soziale Konflikte gefährden die Nachhaltigkeit der Industrialisierung in den Entwicklungsländern, sondern auch deren globale und lokale Umweltfolgen. Heute treffen zwei gegenläufige Entwicklungen aufeinander: auf der einen Seite der wirtschaftliche Aufstieg Asiens, der globale Aufmerksamkeit erregt und den Optimismus nährt, die Weltwirtschaft könne die zurückliegenden 25 Jahre enttäuschter Prosperitätsversprechungen überwinden und sogar die Wirtschaft Afrikas anschieben helfen. Auf der andern Seite die geschärfte, global politisierte Wahrnehmung, dass die weitere Ausbreitung der vorherrschenden industriellen Produktionsweise katastrophale ökologische Folgen zeitigen würde.

Beides ist in direkter Weise miteinander verknüpft. Global schlagen sich die erfreulichen Industrialisierungsfortschritte der Länder Asiens im Wachstum der weltweiten CO_2-Emissionen nieder, welche für die anhaltende Klimaerwärmung verantwortlich sind (Tabelle 4).

Seit 1980 sind die weltweiten CO_2-Emissionen um mehr als die Hälfte gewachsen. Der Zuwachs ist zum größeren Teil auf Asien, aber auch auf die anderen Entwicklungsländer zurückzuführen. Demgegenüber fielen die Zuwächse der USA, Europas und Japans geringer aus. Ihr Anteil an den CO_2-Emissionen fiel deshalb von 56,5 Prozent 1980 auf 42,1 Prozent im Jahr 2005.

Tabelle 4
CO$_2$-Emissionen nach Regionen 1980–2005
(in Mio. metrischer Tonnen)[31]

Region	1980	A*	1990	A*	2005	A*	B**
USA	4747,60	25,9	5001,73	23,3	5956,98	21,1	125
Europa	4672,24	25,5	4514,54	21,1	4674,75	16,6	104
Japan	935,94	5,1	1009,06	4,7	1230,36	4,4	131
Ex-Sowjetunion	3027,53	16,5	3782,41	17,7	2577,82	9,1	85
Asien (ohne Japan)	2389,69	13,0	3879,38	18,1	8686,78	30,8	364
China	1454,65	7,9	2241,19	10,5	5322,69	18,9	366
Indien	288,70	1,6	574,56	2,7	1165,72	4,1	404
Lateinamerika	852,49	4,7	991,76	4,6	1494,41	5,3	175
Naher Osten	491,82	2,7	726,07	3,4	1450,81	5,1	295
Afrika	534,47	2,9	718,13	3,4	1042,92	3,7	195
Südafrika	234,19	1,3	295,48	1,4	423,81	1,5	181
Welt	18330,68	100	21394,92	100	28192,74	100	154

*)   A = Prozentanteil am Total der globalen Emissionen von 1980 bis 2005.
**)   B = Prozentuales Wachstum des CO$_2$-Ausstoßes von 1980 bis 2005.

Für die negative Klimawirkung sind die absoluten Zahlen ausschlaggebend. Jede massenwirksame Wohlstandssteigerung in den Entwicklungsländern folgte bisher den herkömmlichen technologischen Mustern der alten Industrieländer und fußte insbesondere auf der Nutzung fossiler Energieträger. Das zieht zwangsläufig große ökologische Lasten nach sich, die auf Dauer nicht verkraftbar sind. Allerdings sind die absoluten Zahlen auch irreführend – sie vernebeln die Tatsache, dass die alten Industrieländer historisch für den größten Teil der Treibhausgase, die sich in der Atmosphäre akkumuliert haben, verantwortlich sind und dass sie auch heute noch überproportional dazu beitragen. Das zeigen die Emissionen pro Kopf. Die reichen OECD-Länder emittierten 2003 pro Kopf 13,1 Tonnen CO$_2$, die

USA brachten es auf großzügige 19,8 Tonnen, während China mit 3,2, Indien mit 1,2 und Schwarzafrika mit 0,8 Tonnen pro Kopf weit abfielen.[32] Hätte China 2003 pro Kopf gleich viel CO_2 ausgestoßen wie die USA, hätte das über 25 Milliarden Tonnen ergeben, also mehr als die Emissionen der übrigen Welt zusammen.

Dass sich die Produktions- und Konsumtionsweise der alten Industrieländer nicht auf alle Menschen verallgemeinern lässt, ohne katastrophale ökologische Folgen zu provozieren, ist seit den Achtzigerjahren Allgemeinwissen. Dass die Entwicklungsländer jedoch nicht als ökologisch geschützte »Naturreservate« in Armut verharren wollen, während bei uns die Party weitergeht, ist aus Gründen der Fairness und der realen Machtverhältnisse allen klar. Oder fast allen: Als die Vertreterin von Alliance Sud 2006 an einem Treffen der Interessenverbände der Schweiz zu Klimafragen darauf beharrte, dass in Sachen CO_2-Emissionen der globalisierbare Pro-Kopf-Verbrauch Maßstab sein muss, bezichtigte sie ein Vertreter der Maschinenindustrie des »Klima-Kommunismus«. Es dürfte schwierig sein, die Länder Afrikas, Asiens und Lateinamerikas von diesem »Kommunismus« abzubringen.

Im Prinzip gibt es deshalb seit bald zwanzig Jahren einen internationalen Konsens über drei Punkte: Erstens sollten die fossilen Energien (Erdöl, Kohle, Erdgas) durch erneuerbare Energien ersetzt und damit die Treibhausgase, welche die Klimaerwärmung verursachen, reduziert werden. Zweitens sollten die Industrieländer, weil sie überproportional zur Klimaerwärmung beigetragen haben und es immer noch tun, eine Vorleistung erbringen, indem sie zuerst allein ihre CO_2-Emissionen senken. Drittens, so die Hoffnung, würden sie dabei die Technologien entwickeln, welche es den Entwicklungsländern erlauben, ihre Industrialisierung ökologisch verträglicher voranzutreiben.

Das ist der politische Kern der völkerrechtlich verbindlichen Klimarahmenkonvention von 1992. Mit dem Kioto-Protokoll, das 2005 in Kraft trat, verpflichteten sich die alten Industrieländer, ihre Emissionen von 2008 bis 2012 um durchschnittlich 5,2 Prozent unter das Niveau von 1990 zu senken. Die Verpflichtung für die Schweiz liegt höher, nämlich bei 8 Prozent.[33] Von der Zielerreichung waren die Vertragsstaaten, auch die Schweiz, 2007 noch weit entfernt – mit Ausnahme Russlands, wo die Reduktion der Treibhausgase durch den Zusammenbruch der sowjetischen Industrie sozial teuer erkauft worden ist. Seit 2006 laufen die Vorbereitungen für ein neues Klimaregime, das nach 2012 den Kioto-Vertrag ablösen soll. Dieses wird neben dem Emissionsweltmeister USA auch die Schwellenländer mit einbeziehen müssen, wenn es die CO_2-Emissionen tatsächlich reduzieren soll.

Gravierende Folgen der Klimaerwärmung in Afrika und Asien

Nach den neuesten Erkenntnissen des klimapolitischen Sachverständigenrats der Uno, des Intergovernmental Panel on Climate Change (IPCC), wird sich das Klima in diesem Jahrhundert im besten Fall, das heißt bei raschem und entschiedenem politischem Handeln, um knapp zwei Grad erwärmen. Für diesen *best case* werden weitere wirtschaftliche Fortschritte der Entwicklungsländer, die Umstellung auf erneuerbare saubere Energieträger und eine ökologische Konversion der herkömmlichen industriellen Produktionsweise, angenommen. Im schlimmsten Fall des Laissez-faire rechnet der IPCC hingegen mit einer Erwärmung um vier Grad mit unberechenbaren Folgen für die Ökosysteme und das Klima. Hier werden ebenfalls weitere wirtschaftliche Fortschritte der Entwicklungsländer angenommen, aber bei intensiver Nutzung fossiler Energieträger.[34]

Wie man es dreht und wendet, steht also eine weitere Klimaerwärmung bevor. Negative Folgen sind auch dann zu erwarten, wenn sich die Regierungen rasch auf ein entschiedenes Handeln einigen. Am stärksten trifft es Afrika, das nach Einschätzung des IPCC am wenigsten über die Mittel verfügt, sich an die Klimaerwärmung anzupassen. In den Trockengebieten Afrikas ist die Landwirtschaft stark gefährdet, die Wasserknappheit im nördlichen Afrika wird stark zunehmen. Tropische Krankheiten wie die Malaria werden sich auf Hochlandgebiete und Teile des südlichen Afrika ausbreiten, die bislang davon verschont geblieben sind. Bis zur Hälfte der Bevölkerung des Kontinents könnte unter den Folgen der Klimaerwärmung zu leiden haben und teilweise aus ihren angestammten Siedlungsgebieten vertrieben werden. Das ist eine historische Ungerechtigkeit erster Klasse. Afrika hat von allen Weltregionen bislang am wenigsten zur Bildung von Treibhausgasen beigetragen. Weniger als drei Prozent des akkumulierten menschenverursachten Treibhausgasausstoßes seit 1900 gehen auf das Konto des schwarzen Kontinents.[35]

Während im Falle Afrikas die Klimaerwärmung negative wirtschaftliche und politische Entwicklungstrends zu verstärken droht, könnte sie Asiens Entwicklungs- und Industrialisierungserfolge gefährden. Der IPCC prognostiziert für Asien negative Klimafolgen für die Landwirtschaft und den Wasserhaushalt. In der Landwirtschaft sind 2020 je nach Szenario durchschnittliche Ertragseinbußen pro Flächeneinheit von 2,5 bis zehn Prozent und 2050 von fünf bis dreißig Prozent zu erwarten. Dies bei steigender Bevölkerung! Nicht alle Regionen sind gleich betroffen – zu den am stärksten betroffenen gehören aber einige, die am dichtesten besiedelt sind, zum Beispiel Nordindien, Bangladesch, Teile Chinas oder die Reiskammern Vietnams in den Deltas des Mekong und des Roten Flusses. An den Folgen der landwirtschaftlichen Ertragseinbußen dürfte in der Mitte des Jahrhunderts eine Milliarde Menschen leiden.

Die Folgen für den Wasserhaushalt in Asien fallen regional sehr verschieden aus. Die Wasserknappheit in Westasien inklusive dem Nahen Osten wird nach dem IPCC drastisch zunehmen. In Indien könnte bis 2050 die pro Kopf verfügbare Wassermenge um vierzig Prozent abnehmen. Die großen Flüsse, welche den Wasserbedarf Nordindiens, Bangladeschs und der fruchtbaren Gebiete Chinas zu einem guten Teil decken, dürften nach der Jahrhundertmitte deutlich weniger beziehungsweise saisonal viel stärker schwankende Wassermengen führen. Dies weil die großen Gletscher des Himalaja und Tibets ebenso rasch schrumpfen wie diejenigen der Alpen. Gleichzeitig steigt der Wasserbedarf für die Landwirtschaft: In China ist bei einem weiteren Temperaturanstieg von einem Grad – was um 2020 der Fall sein wird – damit zu rechnen, dass sechs bis zehn Prozent mehr Wasser für die Bewässerung gebraucht werden, um die Verdunstungsverluste auszugleichen.[36]

China vor dem großen Sprung rückwärts?

Asien wird nicht erst durch die Klimaerwärmung in eine Umweltkrise geraten. Die erfolgreichen Industrialisierer befinden sich schon mittendrin. Allen voran China: Die Situation ist so besorgniserregend, dass die Umwelt zum Topthema der politischen Führung avanciert ist. Abgesehen von den klimatischen Veränderungen sind die drängenden Probleme eine starke Verschmutzung der Luft und des Wassers und die Verschlechterung der landwirtschaftlich nutzbaren Böden. Die Umweltschäden werden jährlich auf acht bis zwölf Prozent des Bruttosozialprodukts geschätzt – was die großen Wachstumsraten bedeutend relativiert!

China deckt siebzig Prozent seines Energiebedarfs mit Kohle. Der Bedarf steigt gewaltig. Allein im Jahr 2006 stellte China zusätzliche Energieerzeugungskapazitäten von 102 Gigawatt auf, die den Gesamtbedarf Frankreichs decken könnten. Alle sieben bis zehn Tage geht ein neues Kohlekraftwerk ans Netz. Der Staat hält die Elektrizitätspreise tief, um das Wachstum zu fördern – entsprechend sind die meisten Anlagen mit alter, billiger Technologie ausgestattet. Die Folge ist eine starke Luftverschmutzung durch Schwefeldioxid und Kohlefeinstaub. Hinzu kommt, dass seit Kurzem auch die Motorisierung des Landes in Schwung gekommen ist. Jedes Jahr kommen über fünf Millionen neue Autos auf die Straßen.

Erkrankungen der Atemwege nehmen deshalb rapide zu. Ein Forschungsprojekt der Regierung und der Weltbank bezifferte 2007 die Zahl der jährlichen Neuerkrankungen auf 750000 Menschen. Krebserkrankungen nahmen von 2005 auf 2006 um 19 Prozent in städtischen beziehungsweise um 23 Prozent in ländlichen Gebieten zu. Neben den Erkrankungen führt die Luftverschmutzung zu saurem Regen, der auf die landwirtschaftlichen Erträge drückt. Die Regierung will deshalb prioritär die Luftverschmutzung bekämpfen und gegen Feinstaub- und Schwefeldioxid-Emissionen vorgehen, während sie vorderhand einen weiteren Anstieg der CO_2-Emissionen in Kauf nimmt. Falls sie dabei erfolgreich ist, wird dies paradoxe Folgen haben. Der Klimaerwärmungseffekt wird durch Schwefeldioxid-, Feinstaub- und andere Emissionen, die großflächig Smog erzeugen, gedämpft. Chinas Luftverschmutzung soll global bis zu einem Drittel der Erwärmungseffekte der Treibhausgase abdämpfen. Falls es gelingt, Chinas Luftverschmutzung auf die Hälfte zu reduzieren, wird sich dafür global das Klima deutlich rascher erwärmen.

Ähnlich dramatisch sind die Verhältnisse beim Wasser. An Wasserknappheit leiden rund 660 Städte, 110 davon schwer. Wasser wird durch Industrie und Landwirtschaft im Großmaßstab verschwendet. Bis zu zwanzig Prozent Trinkwasser gehen in lecken städtischen Leitungsnetzen verloren. Die Grundwasserreserven werden vielerorts über die Erneuerungskapazität hinaus genutzt. Hinzu kommt eine enorme Verschmutzung oder Vergiftung. Neunzig Prozent des städtischen Leitungswassers sind nach Angaben der staatlichen Nachrichtenagentur verschmutzt. Drei Viertel des Flusswassers in städtischen Gebieten sind für die Trinkwasseraufbereitung nicht mehr geeignet. Die Regierung schätzt, dass dreißig Prozent allen Flusswassers nicht einmal mehr für Landwirtschaft oder Industrie verwendet werden sollten. 700 Millionen Menschen trinken deshalb verschmutztes Wasser – mit entsprechenden Gesundheitsfolgen.

Seit einigen Jahren fasst die chinesische Führung weitreichende Beschlüsse zur Verbesserung der Umwelt und zur Ressourcennutzung. Das Problem ist allerdings, dass lokale Behörden und Unternehmen die Beschlüsse ziemlich systematisch ignorieren. Vorbei sind die Zeiten, wo ein kleiner Wink Maos die Funktionäre bis in die hinterste Reichsecke strammstehen ließ. Nach Elisabeth Economy, der Direktorin für Asienstudien im Council on Foreign Relations, steht die chinesische Führung vor einem Dilemma: Will sie ihren Umweltauflagen Nachdruck verschaffen, müsste sie weitreichende politische Reformen anstoßen und die Restriktionen lockern, mit denen heute die Tätigkeit der Gerichte, der Medien und der knapp geduldeten Nichtregierungsorganisationen (NGOs) eingeschränkt werden. Nur diese Instanzen könnten auf lokale Machthaber und Wirtschaftsinteressen Druck ausüben und den Umweltgesetzen lokal Nachdruck verschaffen.

An Protest- und Mobilisierungsbereitschaft der Bevölkerung fehlt es nicht. 2005 war es laut Umweltministerium zu 51 000 umweltbezogenen Protestaktionen gekommen. Und mittlerweile gibt es Tausende von NGOs, die sich mit den Umweltproblemen befassen. Die Staatsführung würde allerdings riskieren, dass die Aktivitäten nicht auf die lokale Ebene und den Einzelfall begrenzt blieben, sondern auch auf die nationale Politik und das Herrschaftsmonopol der Partei der Wirtschafts-, Selbstbereicherungs- und Machtausübungseliten übergreifen würden. Davor scheut sie bislang zurück. Sie vertieft damit die Umweltkrise, welche die wirtschaftlichen Erfolge und damit die wertvollste Legitimationsquelle, die sie hat, zu untergraben droht.[37]

»Klimahilfe«

Die Klimaerwärmung wird, zusammen mit den hausgemachten Umweltproblemen, den meisten Entwicklungsländern, neue große Lasten aufbürden und die Lage der armen Bevölkerungsmehrheiten verschlechtern. Allein die Anpassung an die Klimaerwärmung wird nach Weltbankberechnungen die Entwicklungsländer in den kommenden Jahren mit jährlich zwischen zehn bis vierzig Milliarden Dollar belasten. Oxfam kommt in einer eigenen Studie sogar auf jährliche Kosten von fünzig Milliarden Dollar.[38] Zusätzliche hohe Kosten wird es verursachen, die vorhandenen Energieproduktionsanlagen und Schwerindustrien in den Schwellenländern auf die heute mögliche und, noch besser, die künftig wünschbare Energieeffizienz oder sogar auf erneuerbare Energien umzustellen.

Die Entwicklungsländer werden in einem neuen Klimaregime nur dann selber Verpflichtungen übernehmen, wenn ihnen die alten Industrieländer finanziell in der Anpassung an die Klimaerwärmung und bei der Umrüstung bestehender Anlagen behilflich sind. Das Klimaproblem ist in den Augen der Entwicklungsländer die Folge des Siegeszuges der von Europa ausgehenden, auf fossilen Energien beruhenden Industrialisierung. Sie hat Europa und seine Siedlerstaaten stark und wohlhabend gemacht und droht nun ausgerechnet in dem Moment obsolet zu werden, in dem einige Entwicklungsländer im Begriff sind, ihre Industrialisierung erfolgreich nachzuholen und aus der Armut allmählich herauszufinden. Neben der Erblast des europäischen und amerikanischen Kolonialismus und dem höchst ungleichen wirtschaftlichen Schicksal der Länder baut sich mit dem Klimaproblem der zweite Grund dafür auf, dass die reichen den armen Ländern helfen müssen.

Rhetorisch ist dies unbestritten. Offen ist aber, woher die Gelder kommen sollen. Die Versuchung wird groß sein, Entwicklungs- und »Klimahilfe« gegeneinander auszuspielen oder die »Klimahilfe« auf Kosten der Entwicklungshilfe auszubauen, obwohl internationale Abmachungen dem entgegenstehen.

»Mehr und mehr habe ich begriffen,
wie groß die Diskrepanz zwischen behaupteter
und tatsächlich geleisteter Entwicklungshilfe
seitens der reichen Länder ist.«

JEFFREY SACHS[39]

3. Konzentration der Entwicklungshilfe

An der Millenniums-Generalversammlung der Uno im Jahr 2000 verpflichteten sich die Regierungen aller Staaten der Welt, das Los der einen Milliarde Menschen, die zu wenig zum Überleben haben, zu verbessern. Zu diesem Zweck einigten sie sich auf acht sogenannte Millenniums-Entwicklungsziele, die durch gemeinsame Anstrengungen bis 2015 erreicht werden sollen (siehe Kasten). Auf die Frage, wer denn noch Hilfe »verdiene«, gibt das Millenniumsprogramm die Antwort: die Menschen, denen es am dreckigsten geht, und zwar unabhängig davon, ob sie in einem erfolgreichen oder einem stagnierenden Entwicklungsland leben. Einsatz für die Ziele wird von allen unterzeichnenden Staaten verlangt. Die Regierungen der Entwicklungsländer haben sich verpflichtet, die ersten sieben Ziele in ihre nationalen Entwicklungs- und Armutsbekämpfungsprogramme aufzunehmen und die Prioritäten ihres Staatshaushaltes entsprechend anzupassen. Das ist in vielen Ländern geschehen oder im Gang. Die Industrieländer haben sich mit dem achten Ziel verpflichtet, sie dabei zu unterstützen.

Die Millenniums-Entwicklungsziele gehen politisch auf die Neunzigerjahre zurück. Am Uno-Sozialgipfel in Kopenhagen 1995 stand unter anderem die »20/20-Initiative« zur Diskussion. Sie wollte die Regierungen der Entwicklungsländer verpflichten, künftig zwanzig Prozent ihrer öffentlichen Haushaltmittel für die Sicherung der sozialen Grundbedürfnisse einzusetzen. Im Gegenzug verlangte sie von den Geberländern, die Entwicklungsländer darin mit zwanzig Prozent ihrer Entwicklungsbudgets zu unterstützten. Die Initiative war das Eingeständnis, dass die staatliche Entwicklungshilfe viel zu wenig den Benachteiligten in den armen Ländern zugute kommt. Sie fand trotz Opposition von einzelnen Industrie- und asiatischen Schwellenländern Zustimmung, hatte aber fast keine praktischen Auswirkungen. Ein Jahr darauf lancierte der Entwicklungsausschuss der OECD sieben Ziele, welche die Akteure der Entwicklungszusammenarbeit bis 2015 erreichen wollten. Diese lesen sich wie ein Entwurf der späteren Millenniumsziele.[40] Auch die OECD-Initiative zeitigte zunächst nur geringe Folgen.

Im Sommer 2000 veröffentlichten die OECD, der IWF, die Weltbank, die ILO und der damalige Uno-Generalsekretär Kofi Annan die Broschüre *A Better World for All*: Sie nahm die OECD-Ziele wieder auf. Zu diesem Zeitpunkt fand in Genf der zweite Sozialgipfel der Uno statt. Die Nichtregierungsorganisationen (NGOs) kritisierten die Publikation als Handstreich der Industrieländer und ihrer Institutionen. MitarbeiterInnen von Kofi Annan beklagten sich, Annan habe sich vereinnahmen lassen, ohne die Instanzen der Uno zu konsultieren. Im Kern ging es darum, dass sowohl Entwicklungsländer wie NGOs vom Sozialgipfel in den umstrittenen Fragen der permanenten Liberalisierung und des wirtschaftspolitischen Diktats durch Weltbank und IWF eine entwicklungsländerfreundliche Schlusserklärung erwarteten. Mit der Broschüre *A Better World for All* demonstrierten die Industrieländer, dass sie die Probleme der Globalisierung auf die Bekämpfung der bittersten Armut reduzieren wollten. Wenige Wochen später unterbreitete Kofi Annan den Katalog als Millenniums-Entwicklungsziele der Uno-Millenniumsversammlung. Annan fügte ein achtes Ziel hinzu, das die Verpflichtungen der Industrieländer umfasste und damit der Opposition ein bisschen entgegenkam.

Die acht Millenniums-Entwicklungsziele[41]

1. **Hunger und extreme Armut sollen reduziert werden,** und zwar so, dass bis 2015
   - der Anteil der Menschen, die weniger als einen Dollar pro Tag haben, halbiert und
   - der Anteil der Menschen, die Hunger leiden, ebenfalls halbiert wird.

2. **Alle Kinder sollen bis 2015 eine Grundschule abschließen können.**

3. **Die Gleichstellung und stärkere Beteiligung der Frauen soll gefördert werden,** indem
   - bis 2005 der Anteil der Mädchen an Grund- und Mittelschulen gleich hoch ist wie derjenige der Knaben und es bis 2015 auf allen Bildungsstufen keine Diskrimination mehr gibt.

4. **Die Kindersterblichkeit soll verringert werden,** und zwar so, dass bis 2015
   - die Sterblichkeitsrate von Kindern unter fünf Jahren um zwei Drittel verringert wird.

5. **Die Gesundheit der Mütter soll verbessert werden,** und zwar so, dass bis 2015
   - die Sterblichkeitsrate von Müttern um drei Viertel gesenkt wird.

6. **Aids, Malaria und andere Krankheiten sollen bekämpft werden,** und zwar so, dass
   - bis 2015 die Zahl der Neuinfektionen nicht mehr weiter anwächst, sondern zu sinken beginnt.

7. **Ein nachhaltigerer Umgang mit der Umwelt soll gesichert werden,** indem bis 2015
   - der Anteil der Menschen, die kein sauberes Trinkwasser haben, halbiert wird,
   - die Lebensbedingungen von 100 Millionen SlumbewohnerInnen erheblich verbessert werden,

- Böden, Wald und Küstengewässer nachhaltiger bewirtschaftet werden und
- die Grundsätze von nachhaltiger Entwicklung in die Politik der Länder aufgenommen werden.

8. **Eine weltweite Partnerschaft für Entwicklung soll aufgebaut werden,** indem bis 2015
   - ein geregeltes, voraussehbares, nicht diskriminierendes internationales Handels- und Finanzsystem aufgebaut wird,
   - armen Ländern vermehrt Schulden erlassen und die Budgets für Entwicklungszusammenarbeit erhöht werden.

Rückblickend war wohl die Kontroverse um die Millenniums-Entwicklungsziele mit übertriebener Heftigkeit geführt worden. Natürlich ist das Millenniumsprogramm nicht die umfassende Entwicklungspolitik, welche zur Realisierung einer entwicklungsfreundlichen globalen Wirtschaftsarchitektur und zu erfolgreichen nationalen Strategien der Entwicklung führt. Die Millenniumsziele nehmen sinngemäß die »20/20-Initiative« wieder auf. Sie postulieren die Verpflichtung, die Mittel der Entwicklungszusammenarbeit mehr auf das Los der Ärmsten zu konzentrieren, statt verschiedenen anderen, oft wenig entwicklungswirksamen Zwecken zufließen zu lassen (siehe Kapitel 7). Und sie verlangen von den Regierungen der Entwicklungsländer, mehr Staatshaushaltmittel in die soziale Grundversorgung zu investieren.

Ob die Millenniumsdeklaration allerdings mehr als das Papier wert war, auf dem sie stand, musste sich erst weisen. Da sie nicht aus einem Verhandlungsprozess in der Uno hervorgegangen ist und an ihrer Entstehung auch die zivilgesellschaftlichen Organisationen nicht beteiligt waren, standen die Millenniumsziele anfänglich ohne Lobby und aktive Fürsprecher da.

Die Millenniumsziele sind realistisch

Das war weniger schwierig, als es zunächst schien. Verschiedene Faktoren spielten eine Rolle. Die euphorischen Erwartungen an die Globalisierung in den Neunzigerjahren stürzten in der Krise der angeblich »neuen Wirtschaft« 2001 ab. Vorbei der Traum, dass die Globalisierung enormes Wirtschaftswachstum erzeugen und damit die Entwicklungsprobleme sozusagen automatisch überwinden würde. Einen weiteren Dämpfer versetzten die Terroranschläge vom 11. September 2001. Sie offenbarten ein Potenzial von internationalen Spannungen, die sich nicht mehr in peripheren Kriegen entladen, sondern die Zentren selber in Mitleidenschaft ziehen. Politisches Handeln schien nötiger denn je. Vor allem die Mitglieder der Europäischen

Union dachten in diese Richtung und hofften nicht zuletzt, damit auch eine Alternative zum amerikanischen Krieg gegen den Terrorismus zu finden.

Die Entwicklungszusammenarbeit gewann deshalb an Bedeutung, und die Millenniumsziele waren ein brauchbares Programm, das schon den Segen der Uno-Mitglieder hatte. Im Unterschied zu anderen Uno-Deklarationen löste deshalb die Millenniumserklärung beträchtliche Dynamik aus. Heute setzen die Millenniumsziele unbestrittenermaßen den internationalen Referenzrahmen für die Entwicklungszusammenarbeit. Alle Entwicklungsländer, die Hilfe erhalten, alle Geberstaaten, alle Uno-Entwicklungsinstitutionen und die Weltbank arbeiten damit, auch die schweizerische Entwicklungszusammenarbeit. Im Vergleich zu anderen Uno-Deklarationen ist es von Vorteil, dass die Millenniumsdeklaration wenige und begrenzte Ziele hat, die politisch nicht umstritten sind. Die meisten Millenniumsziele stützen sich auf die sozialen Menschenrechte, wie sie in den Menschenrechtsdeklarationen schon längst als verbindliches Völkerrecht anerkannt worden sind.

Die Entwicklungsziele betreffen Bereiche, in denen ein eklatanter Mangel an öffentlichen Gütern zur Vertiefung und Verewigung der Armut beiträgt. Die Ziele 2 bis 6 betreffen Bildung und Gesundheit unter besonderer Berücksichtigung der Bedürfnisse von Frauen und Kindern. Höhere öffentliche Investitionen machen diese Ziele erreichbar. Dasselbe gilt für Ziel 7: Zum Ausbau der Wasserversorgung, zur Verbesserung der Lebensverhältnisse von SlumbewohnerInnen und für eine nachhaltigere Bewirtschaftung von Böden, Wald und Küstengewässern können die öffentlichen Institutionen der betreffenden Länder zentral beitragen.

Das erste und bekannteste Ziel ist die Halbierung der bittersten Armut. Das Uno Millennium Project, die Projektorganisation für die Erreichung der Entwicklungsziele, führt dazu hauptsächlich Handlungsvorschläge auf, die unter den Zielen 2 bis 7 aufgeführt sind. Mit andern Worten: Die Verbesserungen in Bildung, Gesundheit und

Wasserversorgung sollen zentral zur Reduktion der Armut beitragen. Damit wird im Grunde genommen die Armut eher als Frage nicht respektierter Rechte beziehungsweise mangelnder Anrechte denn als wirtschaftliches Problem aufgefasst. Dass die Millenniumsziele damit diverse soziale Menschenrechte, die in den Menschenrechtsdeklarationen schon längst als verbindliches Völkerrecht anerkannt worden sind, ein Stück weit zu realisieren versuchen, ist sehr zu begrüßen.

Nicht alle Punkte des Millenniumsprogramms stoßen auf Begeisterung. So ist etwa Ziel 8 zum internationalen Handels- und Finanzsystem vage und operationell unbrauchbar formuliert. Die Uno konnte die offenen Interessenkonflikte zwischen Entwicklungs- und Industrieländern, wie sie in den letzten zehn Jahren in der Welthandelsorganisation (WTO) und im IWF aufgebrochen sind, nicht überbrücken. Die Ansichten, welche internationale Wirtschaftsarchitektur entwicklungsfreundlicher als die gegenwärtige wäre, gehen weit auseinander. Das ist natürlich ein wesentlicher Mangel des Millenniumsprogramms. Sind doch die internationalen Rahmenbedingungen ein wichtiger, wenn auch nicht der alleinige Faktor für den wirtschaftlichen Erfolg beziehungsweise den Misserfolg der Entwicklungsländer.

Zurück in die Sechzigerjahre?

Von einem Armutsbekämpfungsprogramm erwartet man in der Regel eine geeignete Strategie wirtschaftlicher Entwicklung und verbesserter Einkommen für die Ärmsten, allenfalls durch Umverteilungsmaßnahmen (z.B. Landreform) unterstützt. Aber so wenig man sich auf eine entwicklungsfreundliche internationale Wirtschaftsarchitektur einigen kann, so wenig besteht Einigkeit darüber, welche nationalen Strategien geeignet wären. Die Rezepte, welche die Industrieländer für geeignet halten und in Afrika und Lateinamerika durchzusetzen versuchten, sind es oft nicht. Die Strategien der erfolgreichen asiatischen Entwicklungsländer wiederum lehnen die Industrieländer ab. Deshalb kommt eine solche Strategie im Millenniumsprogramm nicht vor. Statt dessen verpflichteten sich die Uno-Mitglieder, zur Reduktion der Armut beizutragen, indem sie in die soziale Grundversorgung der armen Bevölkerungsmehrheit der Entwicklungsländer investieren.

KritikerInnen halten das Millenniumsprogramm für einen Rückfall in überholte Konzepte der Entwicklungshilfe aus den Sechzigerjahren. Damals glaubte der Mainstream, die Entwicklungsländer litten unter Kapitalmangel, würden nicht genügend investieren und kämen auf sich allein gestellt nicht aus der hergebrachten, kolonial geprägten Agrarwirtschaft heraus. Deshalb müssten Entwicklungsgelder für massive Investitionsprogramme in Kapitalgüter verwendet werden. Eine solche Anschubfinanzierung in mehreren Wirtschaftssektoren zugleich (der sogenannte *big push*) erlaube den Ausbruch aus der »Armutsfalle«, den wirtschaftlichen *take-off* und die Industrialisierung »rückständiger« Agrargesellschaften.

Unseres Erachtens ist das Millenniumsprogramm nicht mit dem *big push* der frühen Entwicklungshelfer vergleichbar. Bei ihnen ging es um Investitionen in Fabriken, Hafenanlagen oder Maschinen – beim Millenniumsprogramm geht es um die Verbesserung von Bildung und Gesundheit, also um das »Humankapital« der Menschen. *Big push*-Helfer rechneten damit, dass Kapital und industrielle Hardware die wirtschaftliche Entwicklung vorantreiben. Viele von ihnen abstrahierten von den Problemen des technischen Know-how und organisatorischen Könnens, der gesellschaftlichen Sitten und der staatlichen Institutionen. Damit wurden genau die Probleme vernachlässigt, die ausschlaggebend sind und deren mangelnde Beachtung den enttäuschenden Entwicklungspfad vieler Entwicklungsländer zu einem guten Teil erklärt.[42] Beim Millenniumsprogramm geht es hingegen um wenige öffentliche Güter. Es verspricht nicht, dass aus seiner Realisierung automatisch irgendein wie auch immer geartetes Wirtschaftswachstum resultiere. Wie wir oben gezeigt haben, sind die

Fragen einer geeigneten Wirtschaftsstrategie nicht Gegenstand des Programms; sie sind der Initiative der einzelnen Länder überlassen.

Der Streit um das Millenniumsprogramm wird medial gerne als Showdown zwischen den beiden amerikanischen Ökonomen Jeffrey Sachs und William Easterly inszeniert. Sachs lobbyiert wirksam für das Millenniumsprogramm und leitet die Millennium-Project-Gruppe der Uno. Sein in viele Sprachen übersetztes Buch *Das Ende der Armut* liest sich als fulminantes Plädoyer für die Entwicklungsziele. Easterly hingegen reitet, unter anderem in seinem Buch *Wir retten die Welt zu Tode*, darauf herum, dass viele Propagandisten der Millenniumsziele, auch Sachs, von einem *big push* sprechen. Easterly übersieht, dass er die Millenniumsziele auch in seinem Sinne interpretieren könnte, nämlich als politisches Versprechen, die Entwicklungsgelder auf die Verbesserung des Loses der Ärmsten zu konzentrieren.

Die Regierungen allein werden die Millenniumsziele nicht erreichen

Dass die Millenniumsziele faktisch bloß ein politisches Versprechen der Uno-Mitglieder darstellen, ist ihr heikler Punkt. Sie lassen die Frage offen, wer genau die Millenniumsziele erreichen kann und soll. Falls die Regierungen der Entwicklungsländer die alleinigen Akteure blieben, von denen man die Erreichung der Entwicklungsziele erwartet, würde dies ihre Chancen ziemlich schmälern. Nicht weil die Regierungen nicht geeignete Akteure zur Erbringung öffentlicher Güter wären, sondern weil ihnen das Engagement für öffentliche Güter, welche den Ärmsten zugutekommen, nicht in jedem Fall prioritär erscheint. Die großen Geberländer hoffen vielleicht, sie könnten durch die Gewährung (oder den Entzug) von Hilfe die Empfängerregierungen dazu »zwingen«. Die Erfahrungen der Vergangenheit zeigen aber, wie wenig sich von außen aufzwingen lässt. Kommt hinzu, dass die Millenniumsdeklaration auch Regierungen verpflichtet, deren Länder zu »reich« sind, um dafür externe Hilfe zu erhalten, zum Beispiel China – oder Indien, das nach der Meinung des Millennium Project sein Programm selber finanzieren könnte und müsste. Wie wir gesehen haben, haben sie in den letzten zwanzig Jahren diesbezüglich viel erreicht. Ob sie aber in Zukunft durch die bloße Wirkung eines großen Wirtschaftswachstums die Armut weiter reduzieren können, ist offen. Deshalb warnte die asiatische Entwicklungsbank 2007 vor der wachsenden Ungleichheit der Einkommensverteilung.

Der Erfolg des Millenniumprogramms hängt deshalb davon ab, ob sich soziale Bewegungen und politische Kräfte, lokale Unternehmen und zivilgesellschaftliche Organisationen dafür einsetzen, sich für die Konzipierung eines landesspezifischen Millenniumsprogramms engagieren, ihre Regierungen beeinflussen und nötigenfalls unter Druck setzen. Die Akteure der Entwicklungszusammenarbeit sollten solche Prozesse fördern, denn sie geben für das Gelingen den Ausschlag.

Die Millenniumsziele sind kostengünstig

Um die Millenniumsziele zu erreichen, sind höhere Investitionen in den Gesundheitsbereich, das Bildungswesen, in Trinkwasser oder in die sanitäre Versorgung nötig. Das UN Millennium Project hat den Finanzbedarf durchgerechnet. Ihm zufolge sollen die Entwicklungs- und die Industrieländer zusammen für die notwendigen Finanzmittel aufkommen. Die Entwicklungsländer müssten bis 2015 ihr Steueraufkommen sukzessive um 4 Prozent ihres Wirtschaftsprodukts erhöhen. Und die Industrieländer sollten bis 2015 0,54 Prozent ihres Wirtschaftsprodukts für die Entwicklungsziele aufwenden, was zusammen mit der Entwicklungszusammenarbeit, die für andere Bereiche als die Millenniumsziele eingesetzt wird, eine sukzessive Erhöhung auf 0,7 Prozent ergibt.

Die finanziellen Fragen sind allerdings in der Millenniumsdeklaration nicht verbindlich vereinbart. Das Entwicklungsziel 8 verpflich-

tet die Industrieländer lediglich, ihre Budgets für die Entwicklungszusammenarbeit zu erhöhen und eine großzügige Entschuldung
einzuleiten. Es war nicht möglich, sich auf ein konkretes Wachstumsziel zu einigen, weil die USA offen dagegen antraten. Die Finanzie-
rungsfragen sind an der Uno-Konferenz »Financing for Development« im Jahr 2002 in Monterrey wieder aufgenommen worden: mit
Zusagen für höhere Hilfe, aber ohne Wachstumsziel. Seither ist die
Entwicklungsfinanzierung ein politischer Dauerbrenner.

Insgesamt handelt es sich um vergleichsweise wenig Geld. Nach
den Berechnungsgrundlagen des Millennium Project dürften 2015
alle Entwicklungsländer zusammen ein Wirtschaftsprodukt von rund
10 000 Milliarden Dollar erzielen. Sie müssten also 2015 400 Milliarden zusätzlicher Steuern für die Millenniumsziele erheben. Die Industrieländer würden auf denselben Berechnungsgrundlagen 2015
ein Wirtschaftsprodukt von 36 000 Milliarden erzielen. Das ergäbe
bei 0,7 Prozent Entwicklungshilfe 2015 250 Milliarden, wovon 195
Milliarden für die Erreichung der Millenniumsziele notwendig wären.[43]

Die Entwicklungsbudgets erreichten ihren Tiefpunkt 1997. Damals gaben alle Industriestaaten zusammen 48,5 Milliarden Dollar
für Entwicklungszusammenarbeit aus, beziehungsweise 0,22 Prozent
ihres kombinierten Bruttonationaleinkommens. Das war ein Drittel
weniger als auf dem Höhepunkt 1992, wo sie 62,4 Milliarden beziehungsweise 0,33 Prozent aufgebracht hatten. Die große Wende kam
mit dem 11. September 2001. Zwischen 2001 und 2006 haben sich
die Hilfebudgets global auf etwas über 100 Milliarden Dollar verdoppelt. 2005 machten sie wieder 0,33 Prozent des Bruttonationaleinkommens aller Geberländer der OECD aus.

Tabelle 5

Entwicklungsbudgets seit 2001 in Milliarden Dollar[44]

	2001	2002	2003	2004	2005	2006
DAC-Länder	52,4	58,3	69,1	79,4	107,1	104,4
USA	11,4	13,3	16,3	19,7	27,9	23,5
EU-Mitglieder	26,4	30,0	37,1	42,8	55,8	59,0
Irland	0,3	0,4	0,5	0,6	0,7	1,0
Schweiz mit Korrektur[45] Schweiz ohne Korrektur	0,91 0,9	0,94 0,94	1,3 1,25	1,54 1,34	1,77 1,42	1,65 1,42

Laufende Dollarwerte.

2005 beschlossen die Mitglieder der Europäischen Union, das achte Entwicklungsziel ernst zu nehmen. Die alten EU-Mitglieder verpflichteten sich, ihre Entwicklungsbudgets bis 2010 auf 0,56 Prozent und bis 2015 auf 0,7 Prozent ihres Wirtschaftsprodukts zu steigern. Die neuen ärmeren EU-Mitglieder Osteuropas müssen ihre Budgets bis 2010 praktisch von null auf immerhin 0,18 und bis 2015 auf 0,33 Prozent steigern. Kanada und Japan versprachen, ihre Hilfe ebenfalls auf 0,7 Prozent zu erhöhen, ohne allerdings einen konkreten Zeitrahmen anzugeben. Andere wie die USA haben ihr Budget zwar verdoppelt, lehnen jedoch, Australien und Neuseeland im Schlepptau, das 0,7-Prozent-Ziel rundweg ab. Bislang lassen die realen Budgetsteigerungen der EU-Mitglieder noch zu wünschen übrig. Die großen Entschuldungsaktionen der letzten Jahre, u.a. für Nigeria, den Irak oder den Kongo, blähten die Entwicklungshilfebudgets auf.

Exkurs: Was will die Schweiz?

Die Schweiz hat die Millenniumsdeklaration mitunterzeichnet. Die Regierung beschloss im Frühjahr 2001, ihr jahrelang propagiertes Ziel, ein Entwicklungsbudget von 0,4 Prozent des Bruttonationaleinkommens (BNE) zu erreichen, endlich umzusetzen, und legte die nötigen Erhöhungsschritte im Finanzplan fest. Danach wären die 0,4 Prozent 2010 erreicht worden. Der Absturz der Weltwirtschaft im gleichen Jahr veranlasste allerdings den Bundesrat, die ersten Wachstumsschritte des Entwicklungsbudgets wieder zu kürzen. Sie sind in den nachfolgenden Sparrunden vollständig gestrichen worden.

Das war das zweite Mal, dass das 0,4-Prozent-Ziel konjunkturell bedingten Kürzungen des Bundeshaushalts zum Opfer fiel. 1991 hatte der Bundesrat in der Botschaft zum Weltbank- und IWF-Beitritt zum ersten Mal das 0,4-Prozent-Ziel in Aussicht gestellt und in den Finanzplan aufgenommen, sodass das Ziel im Jahr 2000, also zum Zeitpunkt der Millenniumsdeklaration, erreicht worden wäre.[46] Dann folgte die durch die Nationalbankpolitik künstlich verlängerte Rezession der Neunzigerjahre – und alle Zuwächse des Entwicklungsbudgets wurden herausgestrichen.

2005 stand der Bundesrat vor der Frage, was er als Vertreter des zweitreichsten Landes der Welt dem Uno-Gipfel zur Überprüfung der Millenniumsziele erzählen soll. Insbesondere nachdem die EU-Finanzminister ihre Beschlüsse zur Erhöhung der Entwicklungsbudgets gefällt hatten. In einem ersten Schritt korrigierte der Bundesrat seine bisherige Praxis, was die Berechnung des Entwicklungsbudgets betraf. Indem er Ausgabenposten zum Entwicklungsbudget hinzuzählte, die mit Entwicklungszusammenarbeit nichts zu tun haben, erreichte er, dass die Schweiz seit 2003 0,4 Prozent des BNE für Entwicklungshilfe ausgibt, ohne einen Rappen zusätzliches Geld aufzuwenden. Formell konnte der Regierung nichts vorgeworfen werden. Sie passte ihre Berechnungsweise der Praxis der meisten anderen

Geberländer an. Zuvor hatte sie sich in der OECD jahrelang und kraft ihrer reinen Weste dafür eingesetzt, nur solche Staatsausgaben als Entwicklungshilfe anzurechnen, die auch etwas mit Entwicklung zu tun haben (siehe Kapitel 7).

In einem zweiten Schritt ließ die Landesregierung im Herbst 2005 Bundespräsident Samuel Schmid am Uno-Gipfel ankündigen: »La Suisse envisage d'accroître, au-delà de 2008, le pourcentage qu'elle consacre à l'aide publique au développement de manière à augmenter sa part dans les efforts internationaux en la matière.« Schweizerische Regierungsvertreter interpretierten dieses Statement als »Durchbruch«, als Bekenntnis zu einer Erhöhung der Entwicklungshilfe ab 2009. Dem bundesrätlichen Versprechen in New York 2005 steht allerdings ein bundesrätlicher Entscheid vom November 2006 entgegen. Danach dürfen die Ausgaben für Entwicklungszusammenarbeit nur um drei Prozent jährlich wachsen. Da die Regierung gleichzeitig mit einem nominellen Wirtschaftswachstum von drei Prozent rechnet, würde die Entwicklungszusammenarbeit der Schweiz bis 2015 bei 0,4 Prozent verharren.

Falls die westlichen Geberstaaten und insbesondere die Europäische Union in den nächsten Jahren die Entwicklungsbudgets weiter steigern, wird die Schweizer Regierung ihren sinkenden Beitrag international nicht verständlich machen können. Niemand außerhalb der Landesgrenzen glaubt, dass die Schweiz zu arm ist, um sich an einer Steigerung der Entwicklungshilfe beteiligen zu können. Kommt hinzu, dass das Land zu den eindeutigen Globalisierungsgewinnern gehört. 2006 erwirtschaftete die Schweiz einen Leistungsbilanzüberschuss von 74 Milliarden Franken, beziehungsweise von 16 Prozent des Bruttoinlandprodukts (BIP). Werden die Dividenden von ausländischen AktionärInnen schweizerischer Unternehmen davon abgezogen, macht dieser Überschuss immer noch 51 Milliarden beziehungsweise 11 Prozent des BIP aus. Schweizerische Unternehmen sind in fast jedem Land dieser Erde tätig, schweizerische Banken verwalten einen Drittel aller Privatvermögen der Welt. Davon können über

600 Milliarden Dollar von ausländischen Eigentümern in ihren Heimatstaaten mit Leichtigkeit der korrekten Besteuerung entzogen werden, weil die Schweiz keinen ausreichenden grenzüberschreitenden Informationsaustausch in Steuersachen kennt. Im wirtschaftlichen Verkehr mit den Entwicklungsländern profitiert das Land mit einem wachsenden Außenhandelsüberschuss, der 2006 über 16 Milliarden Franken ausmachte. Sogar mit den Erdöl exportierenden Entwicklungsländern hat die Schweiz eine aktive Handelsbilanz. Der Bundesrat dürfte es deshalb schwer haben, das Reduit zu finden, in das sich die Schweiz vor ihren internationalen Verpflichtungen in Sachen Entwicklungshilfe zurückziehen kann.[47]

Gegen die zögerliche Haltung der Landesregierung haben die privaten Entwicklungsorganisationen 2007, unterstützt durch die Landeskirchen, Frauen-, Umwelt-, Jugend- und Gewerkschaftsverbände sowie Menschenrechtsorganisationen, eine breite Kampagne »0,7% – Gemeinsam gegen Armut« lanciert. Sie verlangen, das Entwicklungsbudget bis 2015 stufenweise auf 0,7 Prozent des BNE zu erhöhen. Im Zentrum der Kampagne stand eine gleichlautende Petition an das Parlament, die um die 150000 Unterschriften erhielt. Das Parlament wird im Sommer 2008, nach dem Erscheinen dieses Buchs, über ein höheres Entwicklungsbudget beraten. Die Kampagne »0,7% – Gemeinsam gegen Armut« verlangt, allfällige zusätzliche Mittel der Entwicklungshilfe auf die Millenniumsziele zu konzentrieren: insbesondere auf die Reduzierung des Hungers, die Verbesserung der Trinkwasserversorgung, den Schutz der natürlichen Ressourcen und das Gesundheits- und Bildungswesen.[48]

«Ich hatte das Glück, Entwicklungszusammenarbeit in Aktion
zu sehen: Bewässerungsprojekte in den Philippinen
oder Nepal, die den Bauern zwei oder drei Ernten pro Jahr
ermöglichten, statt nur einer, oder Bildungsprojekte in
Kolumbien, die es Kindern von Wanderarbeitern erlaubten,
von Schule zu Schule zu gehen und Lektionen dort
aufzunehmen, wo sie die letzte verlassen hatten.»

JOSEPH STIGLITZ[49]

4. Erfolge der Entwicklungszusammenarbeit

Eine Konzentration der Entwicklungszusammenarbeit auf die Millenniumsziele macht Sinn, weil sie – im Rückblick gesehen – in den Bereichen, die durch die Entwicklungsziele abgedeckt werden, die besten Resultate erzielt hat. Ihr Wirken hinterließ nachweisbare Spuren in der Förderung der Gesundheitsversorgung und der Bildung, in der ländlichen Entwicklung und nachhaltigen Bewirtschaftung von Boden, Wald und Wasser oder in der Förderung städtischer Erwerbsmöglichkeiten und kleiner Unternehmen. Humanitäre Hilfe hat zudem Millionen von Menschen bei natürlichen Katastrophen oder bei kriegerischen Auseinandersetzungen das Überleben ermöglicht und Hoffnung auf neue Lebensperspektiven eröffnet. Von zentraler Bedeutung war bei diesen Erfolgen die Herausbildung von vielfältigen handlungsfähigen zivilgesellschaftlichen Bewegungen und Organisationen.

Gesundheit und Bildung

Auch wenn Gesundheitsversorgung und Bildung in den ärmeren Entwicklungsländern noch viele Probleme aufwerfen und deshalb in den Millenniumszielen prominent figurieren, sind die Fortschritte beträchtlich. Dank Entwicklungszusammenarbeit

61

- ist im durchschnittlichen armen Land die Lebenserwartung in den letzten vierzig Jahren von 48 auf 68 Jahre gestiegen;
- liegt die Kindersterblichkeit heute dreimal tiefer als vor vierzig Jahren;
- ist der Anteil der Kinder mit Grundschuldbildung seit 1960 stark angestiegen, und noch stärker der Anteil von Kindern in einer Sekundarschule.[50]

Erfolge im Gesundheitssektor wurden auch gegen einzelne Krankheiten erzielt; so in der Ausrottung der Kinderlähmung in Lateinamerika oder der weltweiten Ausrottung der Pocken, an denen früher jährlich zwei Millionen Menschen starben.[51] Dank politischer Protestkampagnen und der Unterstützung durch Akteure der Entwicklungszusammenarbeit ist seit dem Jahr 2001 die Zahl der HIV-Infizierten in armen Ländern, die lebensverlängernde Medikamente erhalten, von rund 200000 auf 1,6 Millionen gestiegen. Im gleichen Zeitraum gelang es einer koordinierten Initiative, 360 Millionen Kinder gegen Masern zu impfen. Zwischen 1999 und 2005 sanken deshalb die Todesfälle wegen Masern um 60 Prozent. Den größten Erfolg erzielte die Initiative in Afrika, wo 2005 75 Prozent weniger Kinder an Masern starben als 1999.[52]

Ländliche Entwicklung und Erwerbsförderung

Ein großer Teil der Menschen, die von bitterster Armut betroffen sind, lebt in den ländlichen Gebieten der Entwicklungsländer. Millionen von KleinBäuerinnen müssen aus ausgelaugten trockenen Böden in unvorteilhafter Lage eine karge Existenz herauswirtschaften. AkteurInnen der Entwicklungszusammenarbeit haben zusammen mit KleinBäuerinnen ein ganzes Arsenal von lokal erhältlichen und erschwinglichen Techniken und gemeinschaftlichen Aktivitäten zur Steigerung der Bodenfruchtbarkeit, des lokalen Wasserhaushalts, der Waldpflege, der Diversifikation der Produktion und besserer Möglichkeiten der Vermarktung erprobt und eingeführt. An vielen

Orten unterstützten AkteurInnen der Entwicklungszusammenarbeit Frauen, lokale Gemeinschaften oder besonders benachteiligte Gruppen darin, überhaupt erst Zugang zu Land und Wasser zu erhalten und die entsprechenden Rechte einzufordern.

Diese Anstrengungen haben etwa in Asien dazu beigetragen, dass Hunderte von Reissorten nicht ausgestorben sind, sondern von Bäuerinnen weiterentwickelt werden, um die Ernteerträge zu steigern. In Afrika sind durch solche Anstrengungen prekäre Trockengebiete heute fruchtbarer und besser bewässert. Interessanterweise ging dies oft mit einer dichteren Besiedlung einher. In dem Moment, wo es kein Ausweichen mehr auf brachliegendes Land gab und die Busch- und Holzreserven nicht weiter geplündert werden konnten, begannen intensive, die Bodenfruchtbarkeit erhaltende und den Holzbestand vermehrende Wirtschaftsweisen notwendig und attraktiv zu werden. Diese Anstrengungen haben auch das Mikroklima verbessert.[53]

Generell haben die Investitionen der Entwicklungszusammenarbeit wesentlich zur Verbesserung der sanitären und der Wasserversorgung beigetragen. Im durchschnittlichen afrikanischen Land stieg der Anteil der Bevölkerung, der Zugang zu sauberem Wasser hat, von 1970 bis 2000 um das Dreifache. Der Anteil der Menschen, die über eine sanitäre Grundversorgung verfügten, stieg von 37 Prozent 1990 auf 52 Prozent 2004.[54]

Schließlich trug die Entwicklungszusammenarbeit zum weitflächigen Aufbau von Mikrokreditsystemen bei, welche einen Ausstieg aus Schuldknechtschaft und Abhängigkeit von Kreditwucherern ermöglichen. Millionen von armen Familien konnten dank Mikrokrediten in den Aufbau existenzsichernder kleiner Unternehmen investieren.

Stärkung der Zivilgesellschaft

Natürlich sind diese Erfolge nicht das alleinige Verdienst der Entwicklungszusammenarbeit. Sie kamen dank der Initiative und Arbeit der Menschen in den Entwicklungsländern zustande, dank des Engagements von lokalen Gemeinschaften, staatlichen Institutionen und lokalen Fachleuten. Manche dieser Erfolge hingen stark von den Regierungen ab, andere stützten sich auf die Selbsthilfe gesellschaftlicher Gruppen oder wurden sogar gegen den Widerstand der Mächtigen durchgesetzt. Insgesamt gilt: Die finanziellen Mittel und die Akteure der Entwicklungszusammenarbeit spielen dabei eine unterstützende Rolle.

Die wichtigste Veränderung, zu welcher die Entwicklungszusammenarbeit beigetragen hat, zeigt sich heute in der Vielfalt und Stärke zivilgesellschaftlicher Akteure. Die Reduktion der Armut, der Benachteiligung, der Diskriminierung aus geschlechtlichen, ethnischen oder Kastengründen ergibt sich nicht einfach aus dem Wirken der Regierungen und der Eliten. Im Gegenteil: Diese verteidigen bestehende Ungerechtigkeiten, die ihnen zum Vorteil gereichen, auch dann, wenn sie, wie in vielen asiatischen Ländern, durchaus erfolgreiche Strategien der wirtschaftlichen Entwicklung vorantreiben. Die Verhältnisse der Benachteiligten verändern sich nachhaltig nur dort, wo sie selber für ihre Interessen einstehen können und Einfluss auf die wirtschaftlichen und politischen Entscheidungen auszuüben beginnen.

Gute Entwicklungszusammenarbeit hat die Herausbildung sozialer Bewegungen, unabhängiger Organisationen von Frauen, Bäuerinnen, Arbeitern, Minderheiten und unterdrückten Kasten gefördert. Zu dieser »Mobilisierung der Armen« haben in Lateinamerika, Afrika und Asien teilweise auch religiöse Institutionen und religiös inspirierte Basisinitiativen beigetragen.

Völkerrechtliche Normen und Standards

Vierzig Jahre internationaler Diplomatie und zwischenstaatlicher Verhandlungen, zivilgesellschaftlicher Proteste und kontroverser Debatten über Entwicklungsprobleme haben einen ganzen Korpus von völkerrechtlichen Normen, menschenrechtlichen, sozialen und ökologischen Standards sowie Absichtserklärungen über eine verantwortliche und rechenschaftspflichtige Regierungsführung geschaffen. Es ist Allgemeinwissen, dass alle Regierungen – die der Entwicklungsländer und die der Industrieländer – solche Normen, Standards und Absichtserklärungen unvollständig umsetzen und respektieren. Trotzdem spielen sie für die Fähigkeit sozialer Bewegungen und zivilgesellschaftlicher Organisationen, in die Auseinandersetzungen ihrer Länder einzugreifen und ihre Regierungen in die Pflicht zu nehmen, eine wesentliche Rolle. Die Berufung auf diesen Korpus international anerkannter Rechte und Standards gibt der Aktion aller Benachteiligten eine nicht zu unterschätzende Legitimation gegenüber ihren Regierungen, welche diese internationalen Abkommen in der Regel unterzeichnet und formell anerkannt haben. Gute Entwicklungszusammenarbeit hat an der Stärkung dieses internationalen Referenzsystems aktiv mitgearbeitet und unterstützt lokale AkteurInnen, welche seine Realisierung einfordern. Hier sind seit dem Ende des Kalten Kriegs große Fortschritte erzielt worden.

Nepal: Katastrophe oder Entwicklungserfolg?

Wenn wir von Erfolgen in den Entwicklungsländern sprechen, die durch gute Entwicklungszusammenarbeit unterstützt werden, darf man sich keine linearen, konfliktfreien Prozesse vorstellen. Nicht alles, was gut begonnen hatte, hat Bestand. Krisen sind unvermeidlich und führen nicht automatisch zu besseren Lösungen. Solche sind aber möglich.

Zum Beispiel Nepal: Als das Land 2005 am Abgrund eines Bürgerkriegs stand, meinten viele KommentatorInnen, Nepal zeige, wie vergeblich alle Anstrengungen der Entwicklungszusammenarbeit gewesen seien. Nepal war ein großer Hilfeempfänger und seit Langem auch ein Schwerpunktland der schweizerischen Entwicklungszusammenarbeit. KennerInnen des Landes interpretierten die Lage jedoch anders. Sie sahen die schwere politische Krise als Ausdruck eines gewaltigen sozialen Wandels, der die unangefochtene Stellung der herrschenden Feudalschicht erodiert und die ärmeren Schichten zu eigenständigen gesellschaftlichen Akteuren gemacht hat. Vor vierzig Jahren gab es in Nepal keine Bildung für das normale Volk, nur äußerst beschwerliche Verkehrsverbindungen zwischen den Bergsiedlungen und nur wenig lokale Initiativen und Interessenartikulation der Armen. Das hat sich massiv geändert, unterstützt auch durch die Entwicklungszusammenarbeit.

Dass die Krise von 2005 vorerst in eine einigermaßen friedliche politische Revolution mündete und heute die Neukonstituierung eines Staates möglich scheint, der alle oder fast alle Schichten der Bevölkerung mit einschließt, war nur eine der Entwicklungen, welche 2005 denkbar waren. Das Land hätte auch in einen offenen, durch ausländische Intervention verschärften Bürgerkrieg abgleiten können, was die meisten Entwicklungserfolge zerstört hätte. Dass es gut herauskam, war den nepalesischen AkteurInnen zu verdanken. Auch der maoistischen Guerilla, welche die USA und Indien als »terroristische Vereinigung« empfanden und lieber »vernichtet« hätten. Eine positive

66

Rolle spielten auch einzelne Geberländer, darunter die Schweiz, welche die Befürchtungen der USA, Indiens und anderer externer Mächte zerstreuen konnten und dadurch die innernepalesischen Verhandlungen für eine einvernehmliche Lösung förderten.

«Hilfe hat eine Funktion.
Sie aber als das zentrale politische Thema zu behandeln,
verschafft einigen Leuten die Möglichkeit,
den realen Problemen einer geteilten Welt auszuweichen.«

DUDLEY SEERS[55]

5. Die Grenzen der Entwicklungszusammenarbeit

Wie sich afrikanische, asiatische oder lateinamerikanische Gesellschaften verändern und entwickeln, hängt in letzter Instanz von ihnen selber ab. Entwicklung ist ein Prozess sozialer, politischer und kultureller Auseinandersetzungen, dessen Ausgang die lokalen AkteurInnen bestimmen. Und das sind viele: die Staatseliten, die politischen Kräfte, die einheimischen Wirtschaftseliten, die Kleinproduzenten der Landwirtschaft und des informellen Sektors, ethnische, religiöse oder soziale Bewegungen und die Emanzipationsbestrebungen der Frauen. Sie alle operieren mit unterschiedlichen Interessen und Zielsetzungen.

Entwicklung kann nicht von außen gebracht werden. Es gibt keine »Helfer«, welche die Eigeninitiative der lokalen Akteure und ihren Streit ersetzen können. So wenig, wie Auslandinvestitionen den Mangel einer eigenständigen wirtschaftlichen Entwicklungsstrategie beheben werden. Deshalb spielt Entwicklungszusammenarbeit nur eine sekundäre Rolle. Gute Entwicklungszusammenarbeit unterstützt in diesen Auseinandersetzungen die Seite der Benachteiligten und versucht diskursive statt repressive Methoden der Austragung der Interessenkonflikte zu fördern.

Entwicklung kann hingegen von außen positiv beeinflusst oder negativ behindert werden: durch das Verhalten von mächtigeren Staaten gegenüber schwächeren Entwicklungsländern. Durch die Frage, ob zwischenstaatliche Vereinbarungen globale öffentliche Güter wie zum Beispiel das Klima schützen oder vernachlässigen. Oder durch den Rahmen, den der Weltmarkt setzt, und durch die Zwänge, die sich aus vereinbarten Weltmarktregeln ergeben.

Die Grenzen der Entwicklungszusammenarbeit zeigen sich in drei Bereichen:

1. **Politik, Staat und Institutionen:** Die schwierige Lage vieler Entwicklungsländer wird zu Recht mit der fraglichen Qualität ihrer Regierungen und politischen Eliten in Beziehung gesetzt. Viele staatliche Institutionen funktionieren schlecht, haben nur eine geringe Reichweite oder sind gar nicht vorhanden. Es charakterisiert die Entwicklungsländer, dass wichtige Fragen des gesellschaftlichen Zusammenlebens ungelöst sind. Umstritten ist oft, welche ethnischen Gruppen, sozialen Klassen oder Regionen am Staat teilhaben können oder von ihm ausgeschlossen sind. Ein gleicher Zugang aller Menschen beiden Geschlechts zu allfälligen staatlichen Diensten oder nur schon zu einem formellen Bürgerrecht ist in keiner Weise selbstverständlich. Die politischen Auseinandersetzungen darum sind seit der Unabhängigkeit der ehemaligen Kolonien im Gang. Sie führen oft zu unstabilen politischen Kräfteverhältnissen oder sogar zu lang anhaltenden bewaffneten Konflikten, welche die wirtschaftliche und soziale Entwicklung um Jahre zurückwerfen. Entsprechend sind auch die Institutionen der jungen Staaten schwach, ungleich ausgebildet und für die Herausforderungen der globalisierten Weltwirtschaft schlecht gerüstet.

Diese politischen Grundfragen und institutionellen Schwächen sind jedoch schwierig zu lösen. Es gibt keine Abkürzung, auf welcher die dazu nötigen innenpolitischen Prozesse, Machtkämpfe und institutionellen Lernprozesse übersprungen werden könnten. Obwohl die Weltbank und die Geberländer in den Neunzigerjahren glaubten, es gebe ein universal gültiges Modell

für vernünftig funktionierende Staaten und Institutionen, nämlich unseres, das bloß übernommen und mit ein bisschen *capaci-
ty building* eintrainiert werden müsse. Institutionen, Verfas-
sungs- und Rechtstexte, die von außen übergestülpt werden,
entfalten jedoch selten die beabsichtigte Wirkung. In der realen
Welt kamen die erfolgreichen Industrialisierer mit einer Vielfalt
von eigenen, oft bruchstückhaften institutionellen Innovationen
voran.[56]

Wichtig ist hingegen, wie externe Kräfte – die Regierungen der
Industrieländer, mächtige Nachbarstaaten, die Organisationen
der internationalen Gemeinschaft oder auch multinationale Unternehmen – auf diese innenpolitischen Auseinandersetzungen
einwirken. Sie können sie verschärfen, indem sie die Seite der
Machthaber, der »Stabilität« um jeden Preis wählen und helfen,
die innenpolitischen Auseinandersetzungen zu unterdrücken
oder zu militarisieren. Oder sie können die Machthaber und ihre
Kontrahenten auf offene, diskursive, alle Gruppierungen mit
einschließende Auseinandersetzungen drängen und zu allen
Kontakte pflegen. Das optimiert die Bedingungen für innenpolitische Fortschritte. Gute Entwicklungszusammenarbeit kann
hier wichtige Dienste leisten.

2. **Weltwirtschaftliche Rahmenbedingungen:** Die geltenden welt-
    wirtschaftlichen Regeln benachteiligen die Entwicklungsländer.
    Das meinen heute auch Mainstreamvertreter, die daran mitgear-
    beitet haben. So sagte Stanley Fischer, Vizedirektor des IWF bis
    2001: »Das internationale Handelssystem«, wie es die WTO
    und viele bilaterale Freihandelsverträge kodifizieren, »*ist* einsei-
    tig gegen die Entwicklungsländer ausgerichtet.«[57] Ebenso ge-
    fährden die deregulierten Finanzmärkte, wie sie die Indus-
    triestaaten in den letzten zwanzig Jahren durchgesetzt haben,
    die wirtschaftliche Stabilität der Entwicklungsländer in gro-
    ßem Ausmaß.[58] Hier braucht es Korrekturen der Außen- und
    der Außenwirtschaftspolitik aller Industriestaaten, auch der

Schweiz, und weitgehende Veränderungen der multilateralen Institutionen. Diese hängen aber weder von den Entwicklungsagenturen der OECD-Länder noch den AkteurInnen der Entwicklungszusammenarbeit ab, auch wenn sie solche Reformen einfordern. Mächtigere Wirtschaftsinteressen gaben hier bislang den Ausschlag.

Zu diesem Problemkreis gehört auch, dass das korrupte Verhalten der Eliten vieler Entwicklungsländer durch internationale Finanzdienstleistungsunternehmen begünstigt wird. Sie stellen die Techniken und die Institutionen zur Verfügung, mit denen illegal angeeignete Gelder außer Landes gebracht und auf den internationalen Finanzmärkten »in Sicherheit« gebracht werden können. Hierzu sind regulatorische Maßnahmen der stärksten Finanzplätze, innerbetriebliche Maßnahmen und Selbstverpflichtungen sowie verbindliche internationale Rechenschafts- und Haftungsregeln für multinationale Konzerne nötig – alles Dinge, zu denen die AkteurInnen der Entwicklungszusammenarbeit zwar einiges zu sagen, aber nichts zu bestimmen haben.

3. **Klimaschutz und Erhaltung der natürlichen Lebensgrundlagen:** Auch wenn die Entwicklungsländer – und damit im unterstützenden Sinne auch die Entwicklungszusammenarbeit – vieles in Sachen nachhaltiger Ressourcenbewirtschaftung und Schutzmaßnahmen gegen die Klimaerwärmung machen können und müssen, trifft dies auf die Anstrengungen, den CO_2-Anstieg drastisch zu senken, nicht zu. Diese verlangen ein koordiniertes internationales Vorgehen. Erfolge im Klimaschutz hängen zudem wesentlich davon ab, was die Industrieländer selber unternehmen werden. Dasselbe gilt für den Ausstieg aus den nichterneuerbaren Energien und die Problematik der ökologischen Umwandlung der industriellen Produktionsweise. Hier ist die internationale Zusammenarbeit aller Akteure notwendig und eine politische Kehrtwende in den Industrie- und den großen, sich rasch industrialisierenden Entwicklungsländern.

Mehr Kohärenz in der Außenpolitik ist nötig

In diesen drei Feldern spielt die Entwicklungszusammenarbeit nur eine begrenzte Rolle. Andere außenpolitische Instrumente und Handlungen der Industrieländer haben hier eine größere, allerdings oft negative Wirkung:

- Große Industriemächte haben wiederholt politisch und militärisch gegen missliebige Regierungen oder zugunsten von befreundeten Machthabern in Entwicklungsländern interveniert und damit einer eigenständigen politischen und institutionellen Entwicklung geschadet.

- In Verfolgung ihrer handels- und finanzpolitischen Interessen institutionalisierten die Industriemächte nach 1980 ein Regulationsregime für globale Güter-, Dienstleistungs- und Finanzmärkte, das die Entwicklungsländer benachteiligt.

- Schließlich sind die Industriemächte – bislang wenigstens – eher Motoren der umwelt- und klimaschädigenden Erdöl- und Ressourcenraubbauwirtschaft als Promotoren einer ökologischen Wende. Entsprechend beanspruchen heute aufstrebende Entwicklungsländer wie China oder Indien »gleiches Recht« – mit fatalen Folgen für alle.

Wenn die Entwicklungszusammenarbeit, wie es richtig ist, von den Interessen der Entwicklungsländer aus konzipiert wird, steht sie oft in Widerspruch zu anderen außenpolitischen und außenwirtschaftlichen Zielen der eigenen Regierung. Man spricht in diesem Fall von mangelnder »Kohärenz«, also von mangelnder innerer Logik der gesamten Nord-Süd-Politik der betreffenden Regierung. Dass die Industrieländer die Entwicklung der armen Länder fördern und gleichzeitig behindern, thematisieren private Entwicklungsorganisationen seit den Sechzigerjahren. Seit Ende der Achtzigerjahre zeigen auch die Regierungen der Geberländer vermehrt Einsicht in das Kohärenzproblem.

Heute streben alle Industriestaaten, zumindest rhetorisch, eine größere Kohärenz an. In Europa gibt es Stimmen, die wegen des Kohärenzproblems einen Schritt weitergehen möchten. Sie empfinden die Entwicklungszusammenarbeit als Flickwerk oder Palliativ und verlangen, stattdessen endlich eine kohärente Nord-Süd- oder Entwicklungspolitik aufzugleisen. Sie propagieren, alle außenpolitischen und außenwirtschaftlichen Interventionen der Industriestaaten und die internationalen Regulationsregime wie WTO (Handel), IWF (Kapitalverkehr), Weltbank (Entwicklungsfinanzierung) usw. so umzugestalten, dass sie die wirtschaftliche und soziale Entwicklung der armen Länder wirklich fördern.[59]

Realistischerweise ist allerdings davon auszugehen, dass die gegenwärtige, wenig entwicklungsförderliche Außenwirtschafts- und Geopolitik der Industriestaaten den tonangebenden Interessen in unseren Gesellschaften entspricht und deshalb, trotz aller rhetorischen Beteuerungen, großes Beharrungsvermögen besitzt. Es ist illusorisch anzunehmen, dass die Schweiz oder die Europäische Union (wie es viele EU-Progressive hoffen) von sich aus, in einem Vernunftentscheid nach demokratischer Debatte, eine ideale Außen- oder Weltinnenpolitik in Gang bringen und volle Kohärenz realisieren würde. Die weltwirtschaftlichen Regulationsregime werden sich nur durch die Kombination von Druck in unsern Ländern und gemeinsamem Agieren der Entwicklungsländer verändern lassen. Was sich einfach sagen, aber nur schwierig realisieren lässt. Kohärenz wird deshalb noch auf längere Sicht lediglich den Ort bezeichnen, an dem man die Widersprüche der außenpolitischen und außenwirtschaftlichen Handlungen der Industrieländer debattiert und zu verringern versucht.

»Bauer A: Wir müssen lernen zu zeigen, dass wir eine gute
Gemeinschaft sind, damit wir diese Darlehen erhalten.
Bäuerin B: Nein, das ist es nicht, was jetzt wichtig ist.
Sie sind jetzt an den Bauern als Individuen interessiert.
Jeder von uns muss zeigen, dass er einen guten Plan hat.
Dann werden wir die Darlehen erhalten.«

MONGA FISH-FARMERS CLUB, ZAMBIA[60]

6. Die Praxis der Entwicklungs-
zusammenarbeit

Die Beziehung zwischen den Gebern und den Empfängern der
Hilfe ist kompliziert. Formell ist sie eine Beziehung von gleichgestell-
ten Partnern. Materiell gibt es ein Machtgefälle zwischen denen, die
Geld (Ressourcen usw.) geben, und denen, die es erhalten. Es stellen
sich zwei grundsätzliche Probleme:

1. Wie können die Empfänger die Hilfe so nutzen, dass sie ihre
   »Entwicklung« fördert und Armut zurückdrängt?
2. Wie können die Geber sicherstellen, dass ihre Hilfe zweckgemäß
   verwendet wird?[61]

Das zweite Problem zieht sich durch die ganze Geschichte der
Entwicklungszusammenarbeit hindurch. Immer wieder versuchten
die Geber durch Bedingungen sicherzustellen, dass die Hilfe zweckgemäß verwendet wird. Da die Geber die finanziellen Mittel, die sie
für die Hilfe einsetzen, nicht selber erarbeiten, sondern von anderen
erhalten – den SteuerzahlerInnen der Geberländer oder privaten
SpenderInnen –, stehen sie unter Druck, den beabsichtigten Verwen-
dungszweck sicherzustellen.

Das erste Problem ergibt sich aus der starken Stellung des Ge-
bers in der Hilfe-Beziehung: Wie kommt der Empfänger der Hilfe

dazu, diejenigen Handlungen zu konzipieren und einzuleiten, die seiner »Entwicklung« förderlich sind und zu denen die Hilfe einen Beitrag leistet? Oder mit anderen Worten, wer macht und steuert das, was »Entwicklung« genannt wird? Der Geber oder der Empfänger?

Die Empfänger, war schon immer die allgemeine Antwort. Von allem Anfang an definierten die Geber ihre Hilfe als »Hilfe zur Selbsthilfe«.[62] Allerdings kann die Formel verschieden interpretiert werden: Hilfe zur Selbsthilfe kann heißen, dass der Empfänger nach einiger Zeit, in der ihn die Helfer anleiten, das »Entwicklungsförderliche« zu tun, in der Lage sein wird, sich selber zu helfen. Oder die Formel kann bedeuten, dass die Hilfe nur dann wirksam ist, wenn sie der Empfänger von allem Anfang in eigene, selber konzipierte Anstrengungen zur Lösung seiner Probleme einbaut. Es steht fest, dass sich die AkteurInnen der Entwicklungszusammenarbeit im Laufe der letzten vierzig Jahre von der ersten zur zweiten Interpretation der Formel »Hilfe zur Selbsthilfe« bewegt haben.

Koloniales Erbe und technokratische Schlagseite

Anfänglich ging die Entwicklungszusammenarbeit von einer sehr dominanten Rolle des Helfers aus. Auf der einen Seite hatte das historische Gründe. Bis weit nach 1945 steuerten Kolonialministerien in London, Paris, Den Haag, Brüssel oder Washington direkt die Geschicke der kolonialisierten Länder in Afrika und Asien. Nach dem Zweiten Weltkrieg waren sie alle entweder in der Aufstandsbekämpfung tätig (Indonesien, Vietnam, Malaysia, Philippinen, Kenia, Algerien usw.) oder in der »Entwicklung« ihrer Kolonien in Hinblick auf eine spätere Unabhängigkeit. Bei den Kolonialmächten gingen die staatlichen Entwicklungsagenturen direkt aus der Kolonialbürokratie hervor. Die frühe Entwicklungszusammenarbeit war deshalb nicht frei von den Überlegenheits- und Allmachtsgefühlen sowie der Verachtung für die Völker Asiens und Afrikas, die die koloniale Vergangenheit geprägt hatten. Länder wie die Schweiz, die mangels Machtmitteln und Gelegenheit am kolonialen Abenteuer vorbeikamen, gingen zwar ohne direkte »Erblast« an die Entwicklungszusammenarbeit heran. Sie waren jedoch keineswegs von den Weltbildern frei, welche das imperialistische Europa hervorgebracht hatte.

Auf der andern Seite hatten die neuen Entwicklungshilfeagenturen von allem Anfang an eine technokratische Schlagseite. Das signalisierte schon deutlich die Grundsatzrede, mit der US-Präsident Harry Truman 1949 die Entwicklungshilfe als vierten Pfeiler seiner Außenpolitik einführte: »Mehr als die Hälfte der Menschen lebt am Rande des Elends. Ihre Nahrung ist unzureichend. Sie fallen Krankheiten zum Opfer. Ihre Wirtschaft ist primitiv und stagniert. Ihre Armut ist Behinderung und Bedrohung für sie selber und für die reicheren Regionen [der Welt].« Aber: »Zum ersten Mal in der Geschichte besitzt die Menschheit das Wissen und die Fähigkeiten, das Leiden dieser Menschen zu erleichtern.« Truman schlug vor, das »unerschöpfliche technische Wissen« der industrialisierten Länder für die »Entwicklung« der armen Länder einzusetzen und ihre Industrialisierung zu fördern. »Der alte Imperialismus – Ausbeutung für ausländische Profite – hat keinen Platz in unserem Plan.«[63]

Die »moderne Wissenschaft« und die industriellen Technologien, als deren Besitzer und Hüter sich die Geber fühlten, galten als der Motor des »Fortschritts« schlechthin. Ja, es darf behauptet werden, dass diese technokratische Schlagseite das moderne Entwicklungsvorhaben als post- oder sogar antikoloniales Vorhaben auswies, den politisch notwendigen Bruch mit der kolonialen Vorgeschichte markierte und es damit den neuen Regierungen der unabhängigen Exkolonien erlaubte, überhaupt eine Hilfebeziehung mit ehemaligen Kolonialmächten und den kleineren Industriestaaten wie der Schweiz einzugehen.

So prägten koloniale Überbleibsel und technokratische Schlagseite das Bild des Entwicklungshelfers[64] in den Fünfziger- und Sechzigerjahren, als wir später Geborenen im Religionsunterricht unsere 20-Rappen-Stücke ins dankbar nickende Negerli steckten. Der Entwicklungshelfer war der Aktive, der gegen den »Mangel« anging. Die

»Begünstigten« blieben eigentümlich passiv. Auch heute noch haben viele BürgerInnen, deren Herz für die Armen in den Entwicklungsländern schlägt, ähnliche Vorstellungen. Es fehlt an Medikamenten? Bringen wir sie! Es hat kein Spital? Stellen wir eins auf! Die Kinder sitzen in der Schule auf dem nackten Boden? Beschaffen wir ihnen die Stühle!

Die Lektionen der Praxis

In der Praxis sah es jedoch anders aus. Es nützte wenig, dass Entwicklungsagenturen befestigte Straßen bauten, wenn das »begünstigte« Staatswesen keine Institutionen hatte, welche den Straßenunterhalt organisierten und finanzierten. Es hatte geringe volkswirtschaftliche Auswirkungen, wenn die Straßen durch Firmen der Geberländer gebaut wurden, statt einheimische Unternehmen in die Aufgabe einzuführen. Es nützte wenig, wenn Hilfswerker Brunnen bohrten, ohne dass die »begünstigte« Bevölkerung zum Standort des Brunnens etwas zu sagen hatte und sich für die gemeinsame Benutzung und den Unterhalt dieses einfachen Wasserversorgungssystems absprach und organisierte. Schwierig ist nicht die technische Aufgabe des Straßen- oder Brunnenbaus, schwierig ist der soziale Prozess der Nutzung solcher öffentlicher Infrastrukturen. Ohne ihn in Gang zu bringen, löst sich der »Fortschritt« in Nichts auf, sobald die Helfer weiterziehen.

Die erste Lektion, welche die staatlichen und privaten Entwicklungsorganisationen lernten, war deshalb, dass nicht sie von außen »Entwicklung« bringen, sondern die Betroffenen selber »Entwicklung« voranbringen müssen. Die AkteurInnen der Entwicklungszusammenarbeit können sie dabei nur begleiten.[65] »Entwicklung« ist nicht die Beseitigung des Mangels durch Dinge, die wir »bringen« – Fabriken, Bewässerungssysteme, Häfen, Schulen oder Elektrizitätswerke –, und durch Wissen, das wir vermitteln, sondern ein Prozess sozialer und politischer Auseinandersetzungen und wirtschaftlicher

Lernprozesse in den armen Ländern selber. Und immer mit offenem Ausgang, wie das Beispiel Nepal zeigt.

Die zweite Lektion bestand darin, in der Praxis die Grenzen des eigenen Wissens und Know-hows deutlich zu erfahren. Auf der einen Seite »entdeckten« HelferInnen in den armen Ländern zuhauf einheimisches Wissen, das in soziale und wirtschaftliche Tätigkeiten einfließt. So gab es zum Beispiel in der ländlichen Entwicklung für viele Probleme bessere Lösungen, wenn man auf das lokale Wissen der Bäuerinnen und Bauern abstellte und Innovationen daraus heraus entwickelte. Auf der andern Seite drängten die »Progressiven« in der Hilfsindustrie seit den Siebzigerjahre darauf, die Rolle des weißen Experten und allwissenden Helfers zurückzufahren und vermehrt einheimische Fachleute heranzuziehen.[66] Nur so ließ sich der Transfer von Know-how institutionell und personell verbessern. Heute beschäftigen die schweizerischen Hilfswerke und die staatliche Direktion für Entwicklung und Zusammenarbeit (Deza) in den armen Ländern, in denen sie tätig sind, ausschließlich oder zu einem guten Teil einheimische Fachleute. Internationale NGOs und Staatsagenturen folgten demselben Trend.

Die dritte Lektion bestand darin, die Fülle von möglichen AkteurInnen der »Entwicklung« in den armen Ländern zur Kenntnis zu nehmen und die eigene Arbeit darauf abzustimmen. Die Entwicklungshilfe startete als Geschäft zwischen Regierungen – weshalb die Regierungen und staatlichen Institutionen der Entwicklungsländer längere Zeit als die HauptakteurInnen der »Entwicklung« galten. Es brauchte Zeit, bis die Entwicklungsorganisationen lokale Gemeinschaften, Bauern und Bäuerinnen, KleinunternehmerInnen oder soziale Bewegungen als eigenständige Akteure neben dem Staat wahrzunehmen und zu integrieren begannen. Heute ist es üblich, Entwicklungsprogramme als Kooperation verschiedener AkteurInnen anzupacken. Mit dem sogenannten Multi-Stakeholder-Ansatz sollen alle möglichen Interessenten an einem bestimmten Entwicklungsvorhaben eingebunden werden.

Die vierte Lektion bestand darin zu erkennen, dass die Ärmsten in armen Ländern in der Regel arm bleiben, auch wenn das Land daran ist, langsam reicher zu werden. Seit den Siebzigerjahren will sich deshalb die Entwicklungszusammenarbeit auf die Ärmsten konzentrieren. Das Vorhaben war immer schwierig und wurde längst nicht durch alle AkteurInnen konsequent angepackt. Denn es verlangte, die Konfliktlinien in den Gesellschaften der Entwicklungsländer wahrzunehmen und zu erkennen, dass es Interessengruppen und Mächtige gibt, denen nichts daran liegt, den Ärmsten mehr Gewicht zu geben. Insbesondere ging es darum, die Illusion aufzugeben, dass die Regierungen die zentralen Akteure gegen Armut sind. Diese Lektion hätten die HelferInnen allerdings schon intus haben müssen, denn es war in den Industrieländern bis zu den sozialstaatlichen Kompromissen, die in den USA mit dem New Deal und in Europa nach dem Zweiten Weltkrieg durchgesetzt wurden, nicht anders gewesen. Heute arbeiten schweizerische Hilfswerke und die Deza oft mit besonders benachteiligten Gruppen und versuchen, nicht nur ihre unmittelbaren Lebensumstände, sondern auch ihre Rechtsstellung zu verbessern und ihr politisches Gewicht zu vergrößern.

Die fünfte Lektion bestand darin zu begreifen, dass Frauen und Männer ungleiche Chancen und Rechte haben und dass dies negative Auswirkungen auf den Entwicklungsprozess hat. Unter dem Ansturm der Frauenbewegungen der Industrie- und der Entwicklungsländer lernten die Entwicklungshelfer nolens volens, dass es nicht einfach Arme gibt oder Kleinbauern oder Kastenlose, denen sie zu helfen wünschen. Sondern dass in aller Regel die Ärmsten weiblich sind, dass in der prekären kleinbäuerlichen Landwirtschaft die Frauen die Produktion garantieren oder dass kein Kastenloser so rechtlos ist, dass er nicht noch eine kastenlose Frau unter sich hat. Es gibt heute keine Entwicklungsorganisation mehr, die in ihren Programmen der Förderung der Frauen nicht einen zentralen Platz zuweist.

Die sechste Lektion ergab sich aus heftigen Kontroversen rund um die großen humanitären Hilfsaktionen in Afrika. Die Interventionen bei den großen Hungersnöten und kriegserzeugten Katastrophen in Äthiopien, im Südsudan oder im zusammenbrechenden somalischen Staat liefen Gefahr, eine der Krieg führenden Parteien zu stärken oder aber allen Konfliktparteien die Fortsetzung der bewaffneten Auseinandersetzungen zu erleichtern. Unter dem Titel *Do no harm* – Schade nicht! – erarbeiteten Entwicklungsorganisationen Regeln und Instrumentarien, um die unerwünschten oder sogar kontraproduktiven Nebenfolgen ihrer Tätigkeit zu verringern oder ganz zu vermeiden. Die *Do-no-harm*-Diskussion lehrte die Entwicklungsgemeinde, dass jede Entwicklungszusammenarbeit eine Intervention von außen ist, welche riskiert, bestehende Konflikte oder Kräfteungleichgewichte zu verstärken, wenn sie nicht geeignete Vorkehrungen dagegen trifft.

Als siebte Lektion könnte man die Einsicht der AkteurInnen der Entwicklungszusammenarbeit in die mangelnde Kohärenz, das heißt in die Widersprüchlichkeit der Nord-Süd-Politik der Geberländer, bezeichnen. Deshalb engagieren sich vor allem die privaten Entwicklungsorganisationen auch für eine kohärentere Entwicklungspolitik ihrer Regierungen und mischen sich international bei den Institutionen ein, welche für die Entwicklungsländer von Bedeutung sind. Deshalb haben übrigens 1971 schweizerische Hilfswerke Alliance Sud gegründet, um die Kohärenzfragen gemeinsam anzugehen.

Grundsätze der Entwicklungszusammenarbeit

Aus all diesen Lektionen folgt eine Reihe von Grundsätzen der Entwicklungszusammenarbeit, die heute international und national in der Entwicklungsgemeinde mehr oder minder unbestritten sind:

- **Partizipation:** Jedes Programm oder Projekt von Entwicklungsorganisationen kommt nur dann zum Tragen, wenn die »begünstigten« Bevölkerungsgruppen und Behörden das Design, die Realisierung und die Verwaltung prägen und bestimmen.
- **Partnerschaft:** Die AkteurInnen der Entwicklungszusammenar-

beit sollen nicht allein und über eigene Strukturen arbeiten, sondern über lokale Partner: Behörden, Unternehmen, zivilgesellschaftliche Organisationen oder Interessenvertretungen der armen Bevölkerungsschichten. Die Hilfe ist nicht ein Verhältnis des einseitigen Gebens und Nehmens, sondern eine Zusammenarbeit mit den Partnern. Deshalb sehen all die, die nicht mehr von »Entwicklungshilfe«, sondern von »Entwicklungszusammenarbeit« sprechen, darin auch ein politisches Bekenntnis für Partizipation und Partnerschaft.

- **Nachhaltigkeit:** Was Entwicklungsorganisationen mit ihren Partnern aufbauen, soll so konzipiert werden, dass die Programme auch nach der Beendigung der personellen und finanziellen Unterstützung weiterexistieren und sich fortentwickeln können.

- **Empowerment:** Um gegen die Armut anzugehen, genügt es nicht, einfach bei den materiellen Lebensumständen anzusetzen. Viele Probleme der Ärmsten lassen sich nur voranbringen, wenn die Betroffenen sich organisieren, ihre Interessen artikulieren und in die politische Auseinandersetzung hineintragen können. Dasselbe trifft auf den Kampf gegen die Diskriminierung der Frauen zu. Ihnen wird nichts geschenkt, was sie sich nicht selber erkämpfen. Entwicklungsorganisationen nennen ihre Unterstützung für diesen Prozess der Interessenartikulation und des politischen Kampfs *empowerment*, deutsch Ermächtigung, womit sie ihren politischsten und demgemäß umstrittensten Einsatz hinter einem neutralen Terminus technicus verstecken. Sie setzen dabei, wo möglich, bei national garantierten Rechten oder den international verbrieften Menschenrechten an. Sich darauf zu beziehen und ihre Erfüllung einzufordern, verschafft den Begehren der benachteiligten Gruppen Legitimität.

- **Geschlechtergerechtigkeit:** Die Programme der Entwicklungszusammenarbeit dürfen nicht geschlechtsblind sein – es gibt in diesem Sinne nicht einfach »Menschen«, sondern zwei Geschlechter mit sehr ungleichen Chancen und Rechten. Will man die Sache der armen Menschen fördern, muss man die Programme speziell auf die Förderung und das *empowerment* der Frauen ausrichten.

- **Do no harm:** Entwicklungsorganisationen müssen ihre Programme so konzipieren, dass sie den vermeintlich »Begünstigten« nicht letztlich schaden. Dazu müssen sie die Auswirkungen ihres Vorhabens auf verschiedene AkteurInnen vor Ort begreifen und in ihr Programm die Vorkehrungen einbauen, wie sie ein unerwünschtes Schüren von Konflikten oder eine unerwünschte Begünstigung einzelner Akteure vermeiden können.

Die Praxis der Entwicklungszusammenarbeit: Ein offener Lernprozess

So weit die hohen Prinzipien. In der Praxis sind sie nicht so einfach anzuwenden, wie sie sich lesen. Hier nur ein Beispiel.

Heißt Partizipation, dass die »Begünstigten« am Programm »partizipieren«, welches die Entwicklungsorganisation oder ihr lokaler Partner ausgearbeitet hat? Dass sie also konsultiert, dass ihre Anregungen ins Programm aufgenommen und dass sie an der Realisierung beteiligt werden? Oder sollen sich Entwicklungsprogramme, »statt Partizipation einzufordern, vermehrt an Eigenanstrengungen der Betroffenen beteiligen«, wie NADEL-Dozent Ruedi Baumgartner fragt?[67] Sollen die Entwicklungsorganisationen also an dem partizipieren, was die »Begünstigten« zu unternehmen beabsichtigen? In der Praxis kommt beides vor. Seltener ist allerdings die Partizipation der Entwicklungsorganisationen an dem, was die Betroffenen selber unternehmen wollen, obwohl sich rhetorisch fast alle einig sind, dass es in diese Richtung gehen sollte.

Die AkteurInnen der Entwicklungszusammenarbeit haben in den letzten fünfzig Jahren viel gelernt, viel korrigiert und ihre Aktivitäten und Vorgehensweisen stark verändert. Treibende Kräfte dieses offenen, nicht abgeschlossenen Lernprozesses sind die »Partner«, mit denen es die Entwicklungsorganisationen zu tun haben, und die Mitarbeiterinnen der Entwicklungsorganisationen vor Ort. Emma Crewe und Elisabeth Harrison zeigen in ihrer ethnografischen Studie von Projekten der Entwicklungszusammenarbeit »in Aktion« beispielhaft, wie »Partner« und Helfer vor Ort nicht einfach als Repräsentanten der beiden Pole einer ungleichen Machtbeziehung von Gebern und Empfängern agieren, sondern sich gegenseitig beeinflussen und im besten Fall ein eigenes Milieu von »Entwicklern« herausbilden. Sie weisen darauf hin, wie begrenzt die »Macht« der HelferInnen vor Ort ist, insofern sich ja der Erfolg ihrer Arbeit nur dann einstellt, wenn sie nicht die Vorstellungen ihrer Organisation gegen lokale Widerstände durchsetzen, sondern wenn die »Partner« etwas voranbringen und verändern, was ihnen selber nützt.

Crewe und Harrison zeigen schließlich, dass die Rhetorik der Entwicklungsorganisationen – Partnerschaft, Partizipation, Gleichstellung der Frauen usw. – oft nicht der Art und Weise entspricht, wie die »Partner« die Beziehung mit den HelferInnen reflektieren, auch wenn sie im Verkehr mit den HelferInnen deren Rhetorik benutzen. Den »Partnern« sind in der Regel die realen Grenzen der »Partnerschaft« wohl bewusst, und sie entwickeln Praktiken und Strategien, wie sie aus dem, was die HelferInnen an Ressourcen und Mitteln bieten können, etwas für ihre Interessen herausholen können. Umgekehrt gilt auch: Wenn die HelferInnen auf der Gleichberechtigung der Frauen oder den gleichwertigen Rechten von sozial Schwachen oder Minderheiten insistieren, erleichtert das diesen, die eigenen Interessen äußern und gegenüber stärkeren Gruppen behaupten zu können. Wo das geschieht, zeitigt Entwicklungszusammenarbeit Erfolge.[68]

»Entwicklungshilfe ist eine der janusköpfigsten Institutionen, die es gibt. Sie verteilt Einkommen von den Reichen zu den Armen um und kann so dazu dienen, deren Entwicklung zu beschleunigen. Gleichzeitig ist Entwicklungshilfe in einer Welt souveräner Staaten ein Instrument nationaler Politik, welches durch die Reichen benutzt werden kann, um Einfluss zu erhalten und ihre Macht zu vergrößern.«

ALBERT O. HIRSCHMAN[69]

7. Nicht jede Entwicklungshilfe dient der Entwicklung

Wer bis hierher gelesen hat, wird sich fragen, wieso ein solch durchdachtes, lernfähiges und in einigen Feldern erfolgreiches Geschäft, wie es die Entwicklungszusammenarbeit unserer Darstellung zufolge ist, periodisch in der öffentlichen Kritik steht. Um das zu verstehen, müssen wir unseren Fokus erweitern: Die Beispiele in Tabelle 6 zeigen die enorme Spannbreite von Aktivitäten, die die Geberländer[70] als Entwicklungshilfe ausgeben.

Verdienen all diese Aktivitäten wirklich den Titel »Entwicklungszusammenarbeit«? Die Geberländer denken Ja. Und sie bestimmen, was international als Entwicklungshilfe ausgegeben wird. Über die entsprechenden Kriterien einigen sie sich im Entwicklungsausschuss der OECD, dem DAC. Die Daten werden national produziert und durch andere DAC-Mitglieder in sogenannten Peer Reviews periodisch begutachtet. Bislang sind weder Hilfeempfänger noch unabhängige Experten zur Erstellung der Anrechnungskriterien und zur Produktion der Daten beigezogen worden. Die Tatsache, dass die Geberländer etwas als Entwicklungshilfe deklarieren, ist deshalb mit Vorsicht aufzunehmen und bedeutet nicht automatisch, dass es auch der »Entwicklung« dient.

Tabelle 6

Was Geber als Entwicklungshilfe anrechnen lassen

Entwicklungsförderlich!	Entwicklungsförderlich?
Die Geberländer, darunter die Schweiz, halfen mit, in Mosambik die Bewaffneten des Bürgerkriegs zu demobilisieren und ihnen einen Start ins zivile Leben zu ermöglichen.	Die USA erhöhten nach dem 11. September 2001 die Hilfe für Algerien, Mauretanien, Niger, Mali und Tschad, um diese Länder zur Teilnahme an der »Transsahara-Front gegen den Terrorismus« zu bewegen.
In Bangladesch beteiligte sich die Weltbank am Ausbau von Zubringerstraßen im ländlichen Raum. Das erleichterte kleinbäuerlichen Produzenten, vor allem Frauen, den Zugang zu größeren Märkten und verbesserte ihre Absatzchancen .	Die Weltbank gewährte armen Ländern vergünstigte Kredite, damit sie ihren Außenhandel liberalisierten. Je offener die Märkte wurden, desto mehr drängten subventionierte Agrarprodukte aus der EU und den USA einheimische ProduzentInnen in den Ruin.
Private Hilfswerke unterstützen in Indien Organisationen von Kastenlosen und indigenen Völkern, damit diese ihre verfassungsmäßig garantierten Rechte einfordern und durchsetzen können.	Hilfsgelder fließen in den Bau von Großstaudämmen, welche in den Neunzigerjahren alljährlich zehn Millionen Menschen, darunter auch Kastenlose und Indigene, ihrer Existenzgrundlagen beraubten – ohne angemessene Entschädigung.
Schweizerische Forstexperten haben zusammen mit vietnamesischen Kollegen erreicht, dass die vietnamesischen Forstgesetze neu auch Einzelpersonen ein Waldnutzungsrecht gewähren, was direkt armutreduzierend wirkt.	Von Australien teuer bezahlte ausländische Experten managen das Finanzministerium von Papua-Neuguinea und wahren dabei die Interessen Australiens und seiner Bergbaukonzerne.

Staatliche Entwicklungshilfe als Teil der Außenpolitik

Die staatliche Entwicklungshilfe ist keine autonome Institution, sondern ein Teil des Regierungsapparats der Geberländer. Ihre Ausrichtung wird durch außenpolitische Interessen und innenpolitische Konsenssuche mitbedingt. Die entscheidende Frage für den Erfolg und die Wirksamkeit der Hilfe ist, ob die staatlichen Entwicklungsagenturen ihre Finanzen und Programme an den Erfordernissen der Partnerländer orientieren dürfen oder ob sie sie der Verfolgung außenpolitischer und außenwirtschaftlicher Interessen ihres Landes unterordnen müssen.

Letztere sind vielfältig und handfest: Die Industrieländer wollen in Bezug auf die Entwicklungsländer politischen Einfluss und Zugang zu Rohstoffen, Marktzutritt für ihre Unternehmen, die Übernahme wirtschaftlicher Regeln und die Rückübernahme von unerwünschten Einwanderern, Zutrittsrechte für eigene Truppen oder die Teilnahme an machtpolitischen Allianzen. Im Vergleich zur Verfolgung des nationalen Eigennutzes und machtpolitischer Interessen ist die Entwicklungszusammenarbeit ein außenpolitischer Exot, der einer ganz anderen Legitimationsbasis verpflichtet ist: einer Mischung aus ethischen und humanitären Verpflichtungen sowie einem Interesse am Wohlergehen armer Länder und benachteiligter Menschen, weil erst das eine Welt ermöglicht, die allen das Überleben sichert.

Die Entwicklungsorientierung der Hilfe beziehungsweise ihre außenpolitische Instrumentalisierung sind am besten als die beiden Pole einer Achse aufzufassen: Die realen staatlichen Entwicklungsagenturen situieren sich irgendwo dazwischen. Entsprechend lassen sich auch die Geberländer voneinander unterscheiden: Es gibt Geber, deren Hilfe eher entwicklungsorientiert ist, und andere, die sie eher instrumentalisieren. Die Geschichte der Entwicklungszusammenarbeit in allen Geberländern ist voll von Konflikten zwischen den Regierungsinstitutionen, welche die Hilfe instrumentalisieren wollen, und denen, die ihre Entwicklungsorientierung verteidigen. Außerhalb der Regierungen gibt es Interessengruppen, welche die Instrumentalisierung verteidigen, und »idealistische« Meinungsströmungen, welche die Entwicklungsorientierung einfordern. Über Jahrzehnte aktiv in diesem Sinne waren private Entwicklungsorganisationen und je nach Land auch kirchliche Institutionen.

Die Entwicklungszusammenarbeit wird aber auch durch die Innenpolitik der Geberländer mitbedingt. Ihre Budgets müssen vor der Öffentlichkeit verteidigt und von den Parlamenten bewilligt werden. Dazu braucht es eine »mehrheitsfähige« Grunderzählung über Lage, Interessen und Verpflichtungen des eigenen Landes gegenüber der Welt. Üblicherweise kombinieren die Regierungen dazu Elemente des

Eigennutzes und der humanitären Verpflichtungen gegenüber den Ärmsten dieser Welt – damit können sie sowohl die Hilfebefürworter als auch einen Teil ihrer Gegner erreichen.

Eine innenpolitisch besonders wirksame Grunderzählung lieferte der Kalte Krieg. Sie war allerdings auch sehr problematisch, weil sie starke Anreize setzte, die Entwicklungshilfe für die geopolitische Strategie der Geber zu instrumentalisieren. Harry Truman führte in seiner schon erwähnten Grundsatzrede von 1949 die Entwicklungshilfe als einen von vier Pfeilern der amerikanischen Außenpolitik in der kommenden Blockkonfrontation auf: Die Vereinigten Staaten, sagte Truman, würden

1. weiterhin die Uno unterstützen,

2. die Marshallplan-Hilfe an Westeuropa fortführen,

3. eine gemeinsame Verteidigungsorganisation gegen die sowjetische Bedrohung aufbauen [die Nato] und

4. ein Entwicklungshilfeprogramm für »unterentwickelte Regionen« der Welt lancieren.[71]

Die Entwicklungshilfe erhielt so eine strategische Rolle: Sie sollte eines der Mittel werden, den befürchteten Vormarsch des Kommunismus zu verhindern und die Regierungen der unabhängigen Ex-Kolonien im westlichen Lager zu verankern. Spiegelverkehrt baute die Sowjetunion ein eigenes Hilfssystem auf, das kommunistischen oder »nationalrevolutionären« Regimen der Dritten Welt unter die Arme griff.

Als das Ende des Kalten Kriegs der antikommunistischen Begründung der Hilfe den Boden entzog, brachen die Entwicklungsbudgets der westlichen Geberländer um ein Drittel ein. Die USA kürzten ihr Budget bis 1997 um mehr als die Hälfte. Die neue Grunderzählung, welche zum Beispiel die Administration Clinton einzuführen versuchte, nämlich die Förderung einer global nachhaltigen Entwicklung, vermochte viel weniger innenpolitische Unterstützung zu mobilisieren als der Kampf gegen den Kommunismus.[72] Die Hilfeleistungen der ehemaligen Ostblockländer brachen ganz ab – sie avancierten selber zu Hilfeempfängern. Dafür gab es nun in den Geberländern und internationalen Institutionen bedeutend mehr Spielraum für diejenigen, welche die Entwicklungszusammenarbeit an den Bedürfnissen der Entwicklungsländer ausrichten wollten.

Nach dem Kalten Krieg gab es deshalb beträchtliche Hoffnungen, dass nun größere Teile dessen, was als Entwicklungszusammenarbeit deklariert wird, tatsächlich zur Förderung wirtschaftlicher und sozialer Entwicklung eingesetzt würden. In der Weltbank und unter den Geberländern kam es zu selbstkritischen Diskussionen. Im *Weltentwicklungsbericht* von 1990 schrieb die Weltbank: »Viele Hilfsprogramme von Geberländern umfassen eine Auswahl von Aktivitäten (inklusive kommerziellen und strategischen Initiativen), welche oft im besten Fall nur eine dünne Verbindung mit Entwicklung haben.« Acht Jahre später stellte die Bank in ihrer Studie *Assessing Aid* fest, dass sich die geopolitisch instrumentalisierte Hilfe nach 1989 verringert und damit die Wirksamkeit der Hilfe verbessert habe.[73]

Wird heute gefragt, ob die Hilfe überhaupt etwas gebracht habe, darf nicht vergessen werden, dass sie in den ersten vier Jahrzehnten den Erfordernissen des Kalten Kriegs untergeordnet war. Frei von diesem Korsett ist sie erst seit knapp zwei Jahrzehnten. Inwieweit die Entwicklungszusammenarbeit mit dem amerikanischen »Krieg gegen den Terror« erneut Zwängen unterworfen wird, die dem Kalten Krieg vergleichbar sind, wird später behandelt.

Wer gibt wem warum Entwicklungshilfe?

Eine ganze Reihe von Untersuchungen zeigen, dass die außenpolitischen Interessen und Strategien der Geberländer zu einem großen Teil erklären, wie die Geber ihre Hilfe auf die einzelnen Entwicklungsländer verteilt haben.[74]

Vom Ende des Zweiten Weltkriegs bis und mit 2006 gewährten die USA als Führungsmacht des Westens 1160 Milliarden Dollar Entwicklungshilfe (zu Dollar-Werten von 2006 gerechnet). Zusätzlich zahlten sie 590 Milliarden Militärhilfe.[75] Die USA bevorzugten – in dieser Reihenfolge – die asiatischen Verbündeten im Kalten Krieg, die Verbündeten im erdölreichen Nahen Osten und schließlich befreundete Regierungen im lateinamerikanischen Hinterhof. Vom Gesamtbetrag amerikanischer Wirtschaftshilfe gingen rund 270 Milliarden Dollar, also rund ein Viertel, an Asien, davon die großen Brocken an Südkorea, Taiwan, Südvietnam (bis 1975), Indonesien, Indien und Pakistan. Der größere Teil der US-Hilfe an Asien war Mitte der Siebzigerjahre schon geleistet.

Nach Nordafrika und in den Nahen Osten flossen 170 Milliarden Dollar, davon über 60 Prozent an Israel und Ägypten. Die Hilfe in den Nahen Osten begann ernsthaft erst Ende der Sechzigerjahre beziehungsweise nach dem Friedensschluss zwischen Israel und Ägypten von 1979. Sie ist in den letzten Jahren stark gewachsen. Als Entwicklungshilfe ausgegebene Leistungen an den Irak machen schon heute 14 Prozent des Totals aller Zahlungen seit dem Zweiten Weltkrieg an den Nahen Osten und Nordafrika aus. Lateinamerika erhielt rund 110 Milliarden. Die höchsten jährlichen Zahlungen an Lateinamerika flossen in den Sechzigerjahren, als die USA im Rahmen der »Allianz für den Fortschritt« den Kontinent gegen die kubanische Revolution zu »immunisieren« versuchten. Die amerikanische Hilfe ging in den Siebzigerjahren zurück, weil der Kongress die durch die eigene Regierung unterstützten Militärregime in Brasilien (1964), Chile (1973), Uruguay (1973) und Argentinien (1976) nicht belohnen wollte.

Im Vergleich dazu ist die US-Hilfe an Schwarzafrika mit 82 Milliarden Dollar bescheiden geblieben. Das war lange Zeit auch so beabsichtigt. Der Clay-Report hatte der US-Regierung 1963 geraten, die Hilfe an Afrika auf ein Minimum zu begrenzen.[76] Die 82 Milliarden US-Hilfe für Afrika wurden zudem über einen langen Zeitraum von 45 Jahren (1962–2006) gestreckt. Ein Vergleich: Ab 1948 zahlten die USA während nur vier Jahren den kriegsversehrten westeuropäischen Staaten insgesamt 100 Milliarden Dollar Marshallplan-

Hilfe (zu Dollarwerten von 2006) und wandten dafür zwei bis drei Prozent ihres Bruttonationaleinkommens auf. Das ist, wenn man die Zeit proportional berücksichtigt, vierzehn Mal mehr, als Afrika von den USA erhalten hat.[77]

Die relativ tiefe amerikanische Hilfe an Afrika lässt sich unter anderem dadurch erklären, dass sich hier die früheren europäischen Kolonialmächte stärker engagierten. Diese bevorzugten in der Verteilung der Hilfe ihre ehemaligen Kolonien – früher sehr ausgeprägt, heute je nach Geber etwas weniger. Die Hilfe an die ehemaligen Kolonien half, sich weiterhin Einfluss zu sichern. Das betraf Großbritannien und vor allem Frankreich. Frankreich hielt mit offizieller Entwicklungshilfe, Geldern aus Reptilienfonds, dubiosen wirtschaftlichen Deals und brachialer militärischer Einmischung eine »Einflusszone« aufrecht. Das System »Françafrique« geriet erst Mitte der Neunzigerjahre ins Rutschen, ist aber heute noch nicht überwunden.

Die koloniale Vergangenheit hat auch bei den kleineren Mächten Belgien, Portugal und den Niederlanden Spuren hinterlassen. Die Demokratische Republik Kongo (Ex-Zaïre) ist ein Hauptempfänger von belgischer, Indonesien von holländischer Hilfe. Beide Geber berücksichtigen allerdings eine breite Gruppe weiterer Länder. Portugal war lange Zeit ein ärmeres Land gewesen, nach der Nelkenrevolution von 1975 sogar hilfeberechtigt. Seit 1989 tritt Portugal selber als Geber auf und konzentriert sich fast ausschließlich auf seine ehemaligen Kolonien (Osttimor, Mosambik, Angola, Guinea-Bissau, Kapverden und São Tomé & Príncipe).

In der Literatur gilt die Hilfeleistung an ehemalige Kolonien als Zeichen dafür, dass diese Hilfe nicht entwicklungs-, sondern eigennutzenorientiert ist.[78] Ob das allerdings immer pauschal zutrifft, ist fraglich. Hier müsste zwischen den Gebern stärker differenziert werden. Zum Beispiel gaben die Niederlande von Anfang an ihrer Entwicklungshilfe eine starke Entwicklungsorientierung, obwohl sie in den Anfängen einen beachtlichen Teil ihrer Hilfe den ehemaligen Kolonien zukommen ließen. Kommt hinzu, dass die Bevorzugung der Ex-Kolonien auch den Charakter einer Wiedergutmachung für die Schäden der Kolonialisierung hatte. Wer sonst hätte für »Reparationszahlungen« geradestehen sollen, wenn nicht die ehemalige Kolonialmacht?

Die Anfänge der japanischen Entwicklungshilfe gehen auf dieses Problem zurück. In den Fünfzigerjahren nahm Japan Reparationszahlungen an Burma, die Philippinen und Indonesien für die Kriegsschäden auf, die es während der Besetzung dieser drei Länder im Zweiten Weltkrieg verursacht hatte. Die Reparationszahlungen gingen später in die japanische Entwicklungshilfe über. Vor dem gleichen Hintergrund erfolgten die umfangreichen japanischen Hilfeleistungen an China nach der Deng'schen Wende von 1979: Japan leistete bis 2006 56 Prozent der gesamten westlichen Hilfe von rund 40 Milliarden Dollar an China. Insgesamt blieb die japanische Hilfe in Absprache mit den USA lange Zeit auf die südostasiatischen Länder und Südasien konzentriert, während seine beiden ehemaligen Kolonien Korea und Taiwan vergleichweise wenig erhielten. Hier waren die USA der entscheidende Geber.[79]

Zur Gruppe großer Geber gehört neben den USA, Großbritannien, Frankreich und Japan noch Deutschland. Hier gaben weniger die kolonialen, nur bis zum Ersten Weltkrieg dauernden Beziehungen den Ausschlag für die Verteilung der Hilfe als der Sonderstatus des geteilten Deutschland. Der frühere deutsche Entwicklungsminister Erhard Eppler berichtet, das deutsche Außenministerium habe in den Anfängen die Hilfe »über den Erdkreis verstreut. Erst bekam etwas, wer die DDR sicher nicht anerkannte, dann kamen die Länder, die in Versuchung waren, sie doch anzuerkennen. Wer blieb dann noch übrig?« Diese Praxis sei erst nach den Ostverträgen in den Siebzigerjahren gelockert worden.[80] Die starke Streuung der deutschen Hilfe auf viele Länder, die seit Längerem kritisiert wird, ist eine Folge davon.

Entwicklungshilfe zur Sicherung geostrategischer Interessen

Die Instrumentalisierung der Entwicklungszusammenarbeit für die Außenpolitik der Geber besteht darin, dass aus dem Entwicklungsbudget Operationen finanziert werden, die wenig bis nichts mit »Entwicklung« zu tun haben.

Es können drei Typen unterschieden werden:

1. Mehr oder weniger akzeptable außenpolitische Operationen, die aber mit Entwicklung nichts zu tun haben,
2. Unterstützung von verbündeten Regierungen,
3. Kauf von Unterstützung für die eigenen Positionen in internationalen Organisationen.

Außenpolitische Operationen: Ein gutes Beispiel dafür ist die amerikanische Hilfe für Ägypten. Vor dem Friedensschluss 1979 ist Ägypten als wichtigster »Frontstaat« in der Auseinandersetzung mit Israel von den arabischen Ölstaaten großzügig unterstützt worden. Es war klar, dass diese Unterstützung mit dem Separatfrieden eingestellt würde. Ohne die Zusage der USA, in die Lücke zu springen und umfangreiche Hilfe zu leisten, hätte sich Ägypten kein Friedensabkommen »leisten« können. Was die ägyptische Regierung mit dem Geld machte, blieb sekundär.[81] Ein anderes Beispiel lieferte die schweizerische Regierung, die 2005 die Kohäsionszahlungen an die Europäische Union aus dem Entwicklungsbudget finanzieren wollte. Diese Zahlungen gehören zur Gegenleistung, welche die Schweiz für die bilateralen Verträge mit der EU und einen weitgehend ungehinderten Marktzugang gewähren musste. Da die Schweiz kein nennenswertes Budget für außenpolitische Operationskosten außerhalb der Entwicklungshilfe hat, wollte sich die Regierung halt daraus bedienen. Das Parlament hat die Zweckentfremdung schließlich verhindert.

Unterstützung von befreundeten Regierungen: Das war die gängige Weise, wie die Hilfe während des Kalten Kriegs geostrategisch instrumentalisiert wurde. Eine Reihe von unappetitlichen Regimen und Diktatoren erhielt umfangreiche Entwicklungshilfe. Dabei schauten die Geber großzügig über die reale Verwendung der Gelder hinweg. So wussten etwa bei der »Hilfe« an Zaïre alle, dass Mobutu Sese Seko, Langzeitherrscher von 1965 bis 1997, die Gelder vor allem zur Machterhaltung und zur Mehrung des eigenen Vermögens verwendete. Mobutu war kein Einzelfall: Freunde wie ihn hatte der Westen viele: von Ferdinand Marcos, dem Diktator der Philippinen von 1965 bis 1986, über Suharto, den Herrscher Indonesiens von 1967 bis 1998, über die Generäle, die Pakistan mit kurzen Unterbrüchen seit 1958 regieren, über die prowestlichen Autokraten arabischer Staaten oder die Diktatoren der »Françafrique« bis zu den lateinamerikanischen Militärregimen, die als »Gegenleistung« ihr Land im »westlichen Lager« hielten. Der Einsatz dieser Gelder hat seinen Zweck erreicht: Die entsprechenden Regierungen blieben dem westlichen Lager treu und drängten sich zum Teil auch, wie Mobutu, als »regionale Polizisten« vor. Die Praxis hat allerdings bei den Eliten der Entwicklungsländer den bleibenden Eindruck hinterlassen, dass die westliche Empörung über die Korruption nicht zum Nennwert zu nehmen ist.

»Stimmenkauf«: In der Uno, aber auch bei anderen multilateralen Organisationen hat jedes Land eine Stimme – die Entwicklungsländer bilden eine überwältigende Mehrheit.[82] Entsprechend ist ihr Stimmenpotenzial für wichtige Entscheidungen umworben. Im Uno-Sicherheitsrat zum Beispiel sind fünf von fünfzehn Sitzen permanent vergeben, während zehn Sitze im Zwei-Jahres-Turnus rotieren und allen Staaten der Welt offenstehen. Das durchschnittliche Entwicklungsland erhält im Jahr seiner Wahl und in den zwei folgenden Jahren im Sicherheitsrat bedeutend höhere Hilfezuweisungen von den USA. In Jahren, in denen Sicherheitsratsentscheide von besonderer Bedeutung für die USA anstanden, zum Beispiel 1991 (Golfkrieg I) oder 1999 (Kosovo), erhöhte sich die Hilfe um mehr als das Doppelte. Wenn das Land den Sicherheitsrat wieder verließ, fiel die Hilfe auf den üblichen Betrag zurück. Das Umgekehrte passiert auch: Als sich der Jemen 1991 weigerte, im Sicherheitsrat für die internationale Strafaktion gegen den Irak zu stimmen, kürzten die USA sofort ihre Hilfsgelder für das Land.[83] Frankreich erhoffte sich von »Françafrique« etwas Ähnliches – einen Stimmenblock in der Uno, auf den die Grande Nation in ihrer Globalpolitik zählen konnte. Dass die kleinen Inselstaaten im Pazifik – die früher alle einmal koloniale Besitzungen europäischer Mächte, der USA oder Australiens waren – pro Kopf mehr als zehn Mal so viel Hilfe wie Afrika, der Nahe Osten oder Osteuropa erhielten, dürfte zum Teil dem gleichen Faktor zu verdanken sein. Einzelne Geberländer konnten sich so relativ billig – die Inselstaaten haben wenig EinwohnerInnen – die Gunst einer ganzen Reihe unabhängiger Staaten mit Stimmrecht in den internationalen Organisationen sichern.[84]

Geber mit geringerer außenpolitischer Instrumentalisierung der Hilfe

Einige kleinere westeuropäische Geber haben keine koloniale Vergangenheit. Im Wesentlichen handelte es sich hier um die skandinavischen Länder, die Schweiz, Österreich, Luxemburg und Irland. Für die Entwicklungshilfe dieser Länder war dies von Anfang an ein Vorteil. Sie konnten ihre Hilfe viel stärker an den Entwicklungsbedürfnissen orientieren und mussten nicht auf »afrikanische Freunde« oder ehemalige Kolonialunternehmen Rücksicht nehmen. Ihre Möglichkeiten, globale Machtpolitik an der Seite der USA zu betreiben, waren zudem gering oder im Fall der neutralen Staaten Schweden, Schweiz, Österreich und Irland von vornherein ausgeschlossen.

Die skandinavischen Länder konzentrierten ihre Hilfe in den Anfängen auf Südasien (Indien, Bangladesch) und Schwarzafrika, mit einem gewissen Akzent auf den blockfreien Ländern und den sogenannten »Frontstaaten« in der Nachbarschaft Südafrikas. In der Schweiz engagierte sich die staatliche Agentur anfänglich in den Ländern, wo schon die privaten Entwicklungsorganisationen tätig waren. Eine vergleichbare Orientierung schlugen, trotz kolonialer Vergangenheit, auch die Niederlande ein. In einigen dieser Staaten wurde zudem die Entwicklungszusammenarbeit schon früh per Gesetz auf eine Entwicklungsorientierung verpflichtet, unter anderem auch in der Schweiz. In Deutschland seit den Siebzigerjahren oder auch in England seit den Neunzigerjahren spielten Entwicklungsmotive in der Gestaltung der staatlichen Entwicklungszusammenarbeit eine zunehmend bedeutende Rolle.

Schließlich ließ und lässt sich die Hilfe, welche private Entwicklungsorganisationen aus den Industrieländern leisten, nicht oder deutlich weniger durch die außenpolitischen Ansprüche ihrer Regierungen instrumentalisieren.

Entwicklungshilfe als politischer Hebel – die »Strukturanpassung«

Entwicklungshilfe sollte dem öffentlich verkündeten Zweck nach der »Entwicklung« der begünstigten Länder dienen. Indem die Geber Hilfe gewähren, erhalten sie jedoch gegenüber den Empfängerregierungen einen Hebel in die Hand. Sie können sie erhöhen, senken oder streichen und entsprechend Druck ausüben. Sie können sie benutzen, um Forderungen zu stellen. Wenn der Zweck der Entwicklungshilfe bedacht wird, würden Forderungen vernünftig erscheinen, die mit seiner Erfüllung verbunden sind: Die Geber helfen mit, das Gesundheitssystem des Landes auszubauen – also verlangen sie Maßnahmen, damit die Gelder auch diesem Zweck zugeführt werden.

Schon früh jedoch setzten einzelne Geber die Hilfe dazu ein, Forderungen an die Empfängerregierungen zu stellen, die nicht mit einem bestimmten Entwicklungsprojekt verbunden waren. Auch hier übernahm die westliche Führungsmacht die »Führung«. 1966 schrieb die amerikanische Entwicklungsagentur USAid zuhanden einer Geberkonferenz in London: »USAid hat erkannt, dass Wirtschaftshilfe die Entwicklung nicht nur fördern kann, indem sie die begrenzten finanziellen und technischen Ressourcen des Gastlands ergänzt, sondern auch, indem sie Einfluss auf die politischen Stoßrichtungen *[policies]* und die Programme des Gastlandes ausübt. Als wir uns der potenziellen Hebelwirkung der Hilfe bewusster wurden, experimentierten wir mit Techniken, um den Hebel wirksamer einzusetzen [...]. Bestehende politische Programme, Prioritäten und administrative Fähigkeiten der Regierung sollten nicht als unveränderlich genommen, sondern eher als politische Variablen betrachtet werden.« An der Londoner Konferenz unterstützten vor allem Frankreich und der Vertreter der Weltbank die amerikanische Position. Großbritannien und Deutschland äußerten Bedenken, dass die Geber nicht immer besser wüssten, welche Politik richtig sei, und dass Entwicklungshilfe, so eingesetzt, die Souveränität des Empfängerlandes verletze.[85]

Die Ära, in der Hilfe systematisch als politischer »Hebel« zur »Reform« der Entwicklungsländer nach den Vorstellungen der Geberländer eingesetzt wurde, begann allerdings erst später im Gefolge der Schuldenkrise von 1982. Von ihr betroffen waren vor allem Lateinamerika und Afrika. Ost- und Südasien waren weniger betroffen. Die politische Richtung, in der die Schuldenkrise gelöst werden sollte, wurde durch die USA, den stark betroffenen amerikanischen Bankensektor und die Weltbank sowie den IWF vorgegeben – die anderen Geberländer folgten.

Die Alternativen, die zur Diskussion standen, zeigten sich exemplarisch am Falle Mexikos, dessen »Umschuldung« als erste anstand. Die Regierung von José López Portillo (1976–1982) plädierte dafür, Kapitalverkehrskontrollen einzuführen, die Staatsausgaben und die Löhne hoch und die Zinsen tief zu halten, um mit den Gewinnen des weiteren Wirtschaftswachstums die Schulden zurückzahlen zu können. Die USA, der IWF und die Weltbank setzten das Gegenteil durch: Mexiko musste seine Staatsausgaben kürzen, die Geldversorgung verknappen, damit die Zinsen in die Höhe drücken und den Außenhandel sowie den Kapitalverkehr liberalisieren. Die staatlichen Instrumente, welche Mexiko zuvor für die Förderung seiner Industrialisierung geschaffen hatte, mussten, weil »marktfeindlich«, abgeschafft werden. Dafür erhielt es Stützungskredite, die sich zu seinem schon hohen Schuldenberg addierten. Mexikos Wirtschaft war von 1960 bis 1981, in einer Zeit, in der es selber für seine Wirtschaftspolitik verantwortlich war, im Durchschnitt jährlich um 6,9 Prozent gewachsen. Nach der »Reform« von 1982 versank es für lange Jahre in einer tiefen wirtschaftlichen Depression und hat seither nie mehr seine alten Wachstumsraten erreicht.[86]

Die gleiche Medizin der wirtschaftlichen Austerität wurde den anderen Ländern aufgedrängt, welche in die Schuldenkrise geraten waren. Unter dem Titel «Strukturanpassung« gewährten der IWF und die Weltbank Umschuldungskredite und Kredite zur umfassenden wirtschaftspolitischen Reform. Einige bilaterale Geber hängten sich mit eigenen Programmen an die Strukturanpassung an. Im Zentrum standen eine restriktive Geldpolitik, die Reduktion des Staatssektors, die Kapitalverkehrsfreigabe und die Liberalisierung des Außenhandels. Maßnahmen, die zusammengenommen rezessiv wirkten und zu einer Zunahme von Armut und prekärer Arbeit im informellen Sektor führten. Der Widersinn der neuen Entwicklungsstrategie bestand nach Alice Amsden darin, dass die Strukturanpassungskredite den verschuldeten Ländern »erlaubten, ihre Importe zu bezahlen, aber nicht die Restrukturierung ihrer Industrien, die [vorher] mit diesen Importen konkurrieren konnten«.[87]

Die Strukturanpassung war politisch motiviert. Sie half, die Ansprüche der Dritten Welt auf eine neue Weltwirtschaftsordnung und die Beseitigung der ungleichen, aus der Kolonialzeit rührenden internationalen Arbeitsteilung zu beerdigen, die in den Siebzigerjahren gestellt worden waren und bei politischen Strömungen im Norden Anklang gefunden hatten. Sie war aber auch Ausdruck der neuen, wirtschaftspolitisch neoliberalen Orientierung, welche von den USA (Reagan) und Großbritannien (Thatcher) aus die westeuropäischen Länder erfasste.

Im Rückblick wird deutlich, dass die »strukturell unangepassten« Entwicklungsländer bedeutend besser dastehen als die »angepassten«. China, Indien, Südostasien – alle »Tiger« – entgingen ihr und verfolgten Industrialisierungsstrategien, welche die Geberländer dem Rest ausgetrieben haben. »China und Indien verließen sich [mit der Zeit] stärker auf Marktkräfte, aber ihre Wirtschaftspolitik blieb sehr unkonventionell. Mit hoher Handelsprotektion, wenig Privatisierungen, extensiver Industrieförderungspolitik und loser Fiskal- und Finanzpolitik«, schreibt der amerikanische Ökonom Dani Rodrik, hätten diese beiden Volkswirtschaften nichts gemacht, was den Anforderungen der strukturellen Anpassung entsprach.[88]

Die ostasiatischen Länder hatten sich für ihre Strategien am Beispiel Japans orientiert. Japan war denn auch das einzige Geberland, das die strukturelle Anpassung für eine verfehlte Entwicklungsstrategie hielt. An die Adresse der Weltbank gerichtet, schrieb die japanische Entwicklungsagentur 1991, diese scheine »keine langfristige Vision zu besitzen, wie [Export]Industrien entwickelt werden können, vielleicht, weil sie glaubt, dass die Aktivitäten des Privatsektors allein ausreichen, um das Ziel zu erreichen. Dieser Mangel ist wahrlich lamentabel.«[89] Er stand am Anfang dessen, was wir als Zweiteilung der Dritten Welt skizziert haben (siehe S. 25 ff.).

Die jüngste Insiderkritik an der Strukturanpassung liefert William Easterly, Ex-Weltbankökonom und bei den Medien beliebtester Entwicklungshilfekritiker. Easterly sieht den Fehler der strukturellen Anpassung in der Anmaßung der Geber, den Entwicklungsländern von außen den raschen Übergang zur Marktwirtschaft als umfassende Gesamtreform aufzwingen zu wollen, mit allen Attributen und Institutionen, wie sie die Industrieländer kennen. Easterly bekennt, dass er lange geglaubt habe, jedes Entwicklungsprojekt mache erst dann Sinn, wenn alle Rahmenbedingungen im Sinne einer funktionierenden Marktwirtschaft geändert wären. Erst die praktischen Erfahrungen hätten ihn ernüchtert. »Wir Wirtschaftswissenschaftler brauchten zehn Jahre, um zu begreifen, dass die Top-down-Durchsetzung der Marktwirtschaft nicht funktioniert. Bei der Weltbank hatte ich zwischen 1990 und 1995 immer wieder mit Russland zu tun und muss zugeben, dass ich an die Schocktherapie glaubte.« Der Schock funktionierte, aber anders als beabsichtigt – Russlands Volkswirtschaft wurde in Kürze auf Grund gefahren. »Die freie Marktwirtschaft funktioniert, Versuche hingegen, freie Märkte einzuführen, schlagen nur allzu oft fehl.«[90]

Easterly neigt heute, wie andere Weltbankkollegen, »oppositionellen« Anschauungen zu wie etwa denjenigen von Dani Rodrik. Rodrik zeigte zusammen mit anderen in verschiedenen Untersuchungen, dass Entwicklungsländer erfolgreich waren, nicht weil sie ihre Märkte zuerst liberalisierten, dem Weltmarkt öffneten und alle »richtigen« institutionellen Voraussetzungen schufen, sondern weil sie sich nur schrittweise in den Weltmarkt integrierten und oft mit nur kleinen regulatorischen oder institutionellen Veränderungen aus einer stagnierenden Volkswirtschaft ausbrechen konnten. Dies war all den Ländern nicht vergönnt, deren Wirtschaftspolitik die Geberländer mit dem »Hebel« der Entwicklungshilfe »reformieren« wollten.

Die strukturelle Anpassung war von Anfang an umstritten, in den betroffenen Ländern selbst, aber auch im Milieu der Entwicklungsorganisationen. Zu augenfällig waren die hohen sozialen Kosten und der wirtschaftliche Misserfolg. Mittlerweile hat die Skepsis auch die Weltbank und die Geberländer erreicht. 2005 publizierte die Weltbank einen Bericht, der zum ersten Mal eingestand, dass die permanente Liberalisierung als wirtschaftliche Entwicklungsstrategie wenig brachte, im Unterschied zu den unorthodoxen Entwicklungspfaden der erfolgreichen Entwicklungsländer.[91] Trotzdem hängen die Geber weiterhin an »makroökonomischen Konditionen«, welche die Tradition der strukturellen Anpassung fortführen. Nur dem ideologischen Furor dahinter ist der Schwung abhanden gekommen.

Neben diversen politischen Zwecken, für welche die Geberländer die Entwicklungsgelder instrumentalisiert oder missbraucht haben, gibt es also eine zweite Gruppe von Zahlungen, deren Entwicklungsorientierung fraglich ist. Weltbank, IWF und einige Geber wie etwa England benutzten seit den frühen Achtzigerjahren Entwicklungsgelder als »Hebel«, um irregeleitete wirtschaftspolitische »Reformen« aufzuoktroyieren. Sie entsprachen den Vorstellungen und Interessen der Geber, den »Begünstigten« aber haben sie geschadet. Auch diese kontraproduktiven Zahlungen tauchen in den OECD-Statistiken als Entwicklungshilfe auf. Im Unterschied zur außenpolitischen Instrumentalisierung der Hilfe glaubten hier jedoch die meisten Geber, etwas im Interesse der Entwicklung zu verfolgen.

Entwicklungshilfe zur Wirtschaftsförderung der Geberländer

Auf unserer Achse zwischen entwicklungs- und eigennutzorientierter staatlicher Entwicklungszusammenarbeit gibt es eine dritte Kategorie von Leistungen, welche die Geber, neumodisch gesprochen, als »Win-win-Operation« bezeichnen könnten: Es geht um Leistungen, die sich an den Entwicklungsbedürfnissen der Empfängerländer orientieren, aber auch der eigenen Volkswirtschaft nützen. In den ersten zwei Jahrzehnten gingen die Geber davon aus, dass jeglicher Kapitalfluss von Norden nach Süden als Entwicklungshilfe angerechnet werden sollte, also auch kommerzielle Bankkredite, Direktinvestitionen transnationaler Konzerne, staatlich garantierte Exportkredite und Entwicklungshilfe im eigentlichen Sinn. Die Geberländer verschärften die Kriterien erst nach Protesten Anfang der Siebzigerjahre.

Lange Zeit haben sich aber einzelne Geber weiterhin die staatlich garantierten Exportkredite als Hilfe anrechnen lassen, obwohl es sich dabei um rein kommerzielle Transaktionen handelt. Im Fall des kleinen Österreich, das mit seinen Exportkrediten besonders großzügig umging, wagte es der Entwicklungsausschuss der OECD 1984, die gemeldete Hilfequote zu kürzen.[92] Bis in die Neunzigerjahre hielten sich sogenannte Mischkredite, die Entwicklungshilfe und Exportkredite kombinierten. In der Schweiz vergab sie die Entwicklungszusammenarbeitsabteilung des Bundesamts für Außenwirtschaft, die zweite, kleinere staatliche Entwicklungsagentur neben der Deza. Alliance Sud hat während Jahren diese verkappte Exportsubventionierung kritisiert.

Andere Praktiken, die Hilfe mit wirtschaftlichem Eigennutz zu kombinieren, halten bis heute an, zum Beispiel die »gebundene Hilfe«: In den Anfängen der Entwicklungszusammenarbeit schien es selbstverständlich, die Gewährung von Hilfe daran zu binden, dass das Empfängerland für die Realisierung der Projekte Unternehmen, Fachleute und Waren des Geberlandes hinzuzog. Die Gelder kamen so Unternehmen und Personen der Geberländer zugute, während den Empfängerländern quasi der »Gebrauchswert« blieb. Die USA banden zum Beispiel achtzig Prozent aller Projektkosten an den Bezug amerikanischer Waren und Dienstleistungen, was heißt, dass achtzig Prozent ihrer Hilfsbudgets an amerikanische Unternehmen und ihr Personal gingen. Deutschland stipulierte per Gesetz, dass für jedes Entwicklungsprojekt »die Beschäftigungswirksamkeit nicht etwa für das Entwicklungsland, sondern für die Bundesrepublik nachgewiesen« werde.[93] Und die Schweiz hatte ihre Mischkredite. Gebundene Hilfe hat zwei Folgen: Für die Realisierung der Entwicklungsvorhaben werden nicht systematisch lokale Kapazitäten aufgebaut, also geeignete Unternehmen, Fachleute und Vereinigungen aus dem Land oder seiner Nachbarschaft gefördert, sondern Unternehmen aus den Industrieländern beigezogen – womit ein großer Teil der möglichen Entwicklungswirkung der Hilfe entfällt. Zweitens fallen die Lieferungen, die die Empfängerländer importieren müssen, bei gebundener Hilfe teurer aus, als wenn sie die entsprechenden Aufträge ausschreiben könnten.

Dass gebundene Hilfe die Leistungen der Entwicklungshilfe verteuert und ihre Wirksamkeit verringert, wird durch die Geber heute grundsätzlich anerkannt. Trotzdem tun sich die meisten schwer damit, davon abzukommen. Im Rahmen der OECD haben sich die Geberländer schließlich dazu durchgerungen, ihre Hilfe an die ärmsten

Länder ab 2002 schrittweise zu entbinden. Davon ausgenommen ist allerdings die technische Zusammenarbeit. Die übrige bilaterale Hilfe ist nach OECD-Angaben heute weitgehend entbunden, nämlich zu rund neunzig Prozent. Allerdings ist auch diese Zahl unvollständig: Die USA und Italien geben den Anteil der gebundenen Hilfe nicht bekannt. 2003 waren nach Angaben der internationalen Entwicklungsorganisation Actionaid siebzig Prozent der amerikanischen und neunzig Prozent der italienischen Hilfe gebunden.[94] Japan hat seine Hilfe immer an Leistungen und Aufträge für seine Unternehmen gebunden, gibt aber neuerdings nur noch einen tiefen Bindungsgrad an. Keine gebundene Hilfe mehr gibt es in Großbritannien, Irland und Norwegen. In der Schweiz beträgt ihr Anteil noch vier Prozent.

Ein Sonderfall von gebundener Hilfe sind Nahrungsmittellieferungen aus den Geberländern. Diese Lieferungen sind bis zu fünfzig Prozent teurer als Nahrungsmittel, die vor Ort oder in Nachbarländern gekauft werden können. In Krisensituationen und vor allem im Rahmen längerfristigerer Programme zur Bekämpfung des Hungers ist eine finanzielle Hilfe für den Kauf von Lebensmitteln in der Region den direkten Lieferungen vorzuziehen. Nicht nur aus preislichen Gründen, sondern vor allem, weil es die Landwirtschaft in der Region fördet statt konkurriert. Die gesamte Nahrungsmittelhilfe aller Geber (gebunden und ungebunden) machte zwischen 1990 und 2004 bis zu sechs Prozent der bilateralen Hilfe aus. In der Kritik stehen vor allem die USA, wo die Nahrungsmittelhilfe heute noch einen Zehntel der bilateralen Hilfe ausmacht. Auf alle Jahre seit 1946 gerechnet, bestanden sogar zwanzig Prozent der amerikanischen Hilfe aus Nahrungsmittelhilfe. Einen Teil der Nahrungsmittelhilfe »monetarisieren« die USA: Das heißt, sie verkaufen die Lieferungen vor Ort auf dem Markt und benutzen den Erlös dazu, lokale Entwicklungsprojekte zu finanzieren. Die staatlichen Zahlungen an die privaten amerikanischen Entwicklungsorganisationen laufen ebenfalls über diesen Mechanismus: Sie erhalten nicht Dollars, sondern Nahrungsmittellieferungen, welche sie vor Ort auf ihre Rechnung »monetarisieren«

müssen. Die Praxis ist schon lange umstritten. 2007 kam es zum Krach, als die große private Entwicklungsorganisation CARE bekanntgab, sie werde ab 2009 auf diese Unterstützung verzichten, weil sie den Bauern und Bäuerinnen in den Empfängerländern schade. Andere NGOs wie World Vision oder Save the Children verteidigten die Praxis, weil sie damit vielen Armen helfen könnten. Allerdings würden alle die staatliche Unterstützung lieber in Cash als in Nahrungsmitteln erhalten.[95]

Ähnlich kritisch wie die gebundene Hilfe ist schließlich die technische Zusammenarbeit zu analysieren. Man versteht darunter die Weitergabe von Know-how in Form von Personal, Schulung, Forschung und den damit verbundenen Kosten. Die technische Zusammenarbeit machte 2004 laut OECD-Statistiken rund 23 Prozent der gesamten und 33 Prozent der bilateralen Hilfe aus. Der effektive Anteil dürfte noch höher liegen, weil die meisten Programme und Projekte Elemente technischer Zusammenarbeit enthalten. Ihr Nutzen ist umstritten: Sie gilt als teuer und als wenig auf die Bedürfnisse der Empfänger ausgerichtet. Sie wird darüber hinaus oft schlecht koordiniert. Dazu kommt, dass sie teilweise gebunden ist – wie viel, ist unbekannt, weil die OECD seit 1997 von den Geberländern dazu keine Angaben erhält.

Die Geberländer setzen technische Zusammenarbeit sehr unterschiedlich ein. Bei Luxemburg, Irland, Schweden oder Dänemark machte technische Zusammenarbeit 2003 nur zwischen zwei und sechs Prozent der Gesamthilfe aus. Im Falle Deutschlands ein Drittel, bei Australien und den USA fast die Hälfte; in der Schweiz vierzehn Prozent. Hier zwei Beispiele technischer Zusammenarbeit, deren Nutzen und Kosten hinterfragt werden können: In Vietnam finanzierten 23 verschiedene Geber sechzig Projekte technischer Zusammenarbeit zum WTO-Beitritt des Landes, ohne sich zu koordinieren. 2003 beriet die Credit Suisse First Boston im Auftrag der englischen Entwicklungsagentur die Regierung des indischen Bundesstaates Orissa in Energieprivatisierungsfragen und kassierte dafür innerhalb von sechs Monaten vierzig Millionen Dollar. Die Kosten für die gesamte Beratung, die Price Waterhouse Coopers durchführte, beliefen sich auf 110 Millionen.[96]

Wie viel Entwicklungshilfe dient wirklich einem Entwicklungszweck?

Nach diesen Ausführungen interessiert die Frage, wie viel von dem, was als Entwicklungshilfe ausgewiesen wird, tatsächlich der Entwicklung der armen Länder dient. Auf diese Frage gibt es bislang nur bruchstückhafte Antworten.

Beginnen wir mit den Zahlen, die in der Öffentlichkeit am bekanntesten sind: Das sind die Gesamtbeträge dessen, was die einzelnen Geberländer als Entwicklungshilfe angeben. Diese sind, wie wir in Kapitel 3 ausgeführt haben, seit 2001 von etwa 50 auf rund 100 Milliarden Dollar 2006 gestiegen. In den Entwicklungsländern kommen davon, je nach Jahr, aber nur 70 bis 75 Prozent an, wie Tabelle 7 zeigt.

Die Differenz zwischen dem, was gegeben, und dem, was empfangen wird, ist also sehr groß; das hat verschiedene Ursachen:

Erstens dürfen zur Entwicklungshilfe seit 1979 auch die Kosten für den Betrieb der Entwicklungsagenturen, also zum Beispiel für die Deza und den Entwicklungsdienst im Seco, angerechnet werden. Das ist vertretbar: Die für die Hilfe verantwortliche Bürokratie gibt es nur, weil Entwicklungshilfe gemacht wird. Ihre Kosten sind unumgängliche Transaktionskosten. Das hat aber zur Folge, dass etwa auch eine Lohnerhöhung für das Deza-Personal die anrechenbare Entwicklungshilfe der Schweiz erhöht. In den Gesamtsummen der Geber sind zudem auch die anrechenbaren Zuweisungen an multilaterale Entwicklungsorganisationen enthalten. Diese haben wiederum Apparat- beziehungsweise Transaktionskosten. In der Nettohilfe, welche in den Empfängerländern ankommt, sind die Zahlungen der bilateralen und multilateralen Geber enthalten.

Tabelle 7

Wie viel Hilfe kommt in den Entwicklungsländern an?

Jahr	DAC-Länder: Nettoausgaben in Mia. Dollar	Empfängerländer: Ausgewiesene Nettohilfe	Anteil Hilfe, die bei den Empfängern ankommt
2001	52,4	35,1	67 %
2002	58,3	40,8	70 %
2003	69,0	49,8	72 %
2004	79,4	54,3	68 %
2005	106,8	82,1	77 %

Quelle: OECD Statistik DAC online. Zahlen in laufenden Dollar.

Zweitens rechnen die Geberländer Staatsausgaben als Entwicklungshilfe an, von denen kein Rappen ins Ausland fließt und die wir am besten als Nichthilfe definieren. Ins Gewicht fallen vor allem zwei Posten: Als Hilfe angerechnet werden dürfen nach OECD-Regeln die Kosten für AsylbewerberInnen im ersten Jahr sowie Stipendien für StudentInnen aus Entwicklungsländern an den Universitäten der Geberländer. 2005 verzichteten von den 15 alten EU-Staaten nur noch Luxemburg und Großbritannien darauf, die Asylkosten anzurechnen. Dänemark verzeichnete mit 7 Prozent den höchsten Anteil in der EU. Überboten wurde dieser nur noch von der Schweiz mit 8 Prozent (13 für 2004). Die Schweiz ist allerdings im Unterschied zu Dänemark kein Spitzenreiter in der Gewährung von Entwicklungshilfe. Die Stipendien für StudentInnen aus Entwicklungsländern machten in den 15 alten EU-Ländern zwei Prozent der Gesamthilfe aus.[97]

Schließlich rechnen viele Geberländer die Entschuldungsmaßnahmen zur Entwicklungshilfe hinzu, obwohl verschiedentlich, zum letzten Mal an der Uno-Konferenz über Entwicklungsfinanzierung von Monterrey 2002, vereinbart worden ist, die Entschuldungen zusätzlich zur Hilfe zu leisten. Für diese Abmachung gibt es gute Gründe. Ein beachtlicher Teil dieser Schulden ist seit Jahren nicht mehr bedient worden, weil die ärmsten Länder die Devisen dafür nicht aufbringen konnten. Entsprechend setzte ihr Erlass im Staatshaushalt der armen Länder geringere Mittel frei, als die großen Entschuldungssummen suggerieren. Dann stellen viele dieser Kredite »illegitime« Schulden dar, welche Regime angehäuft haben, die vom Westen wider alle Entwicklungslogik aus politischen Gründen unterstützt worden waren – wie zum Beispiel die Schulden der Demokratischen Republik Kongo, die auf Mobutu zurückgehen und in diesem Jahrzehnt erlassen worden sind. In der Schweiz wird seit Kurzem der Erlass von Schulden, welche bei der Exportrisikoversicherung angefallen sind, zur Entwicklungshilfe hinzugezählt.

Von den Summen, die die Empfängerländer erhalten, ist nun das abzuziehen, was nicht entwicklungsförderlich ist:

1. **Unseren bisherigen Ausführungen zufolge sind das strategisch motivierte Gelder und jene Hilfe, die der Durchsetzung der wirtschaftspolitischen Vorstellungen der Geber dient.**

Beides ist schwierig zu beziffern. Es gibt keine Untersuchung, welche alle Entwicklungsausgaben, die in die strukturelle Anpassung, in Privatisierungshilfe usw. geflossen sind, auflistet. Im Falle der strategischen Zahlungen fehlen die Daten aus naheliegenden Gründen überhaupt. Man könnte zum Beispiel sehr schematisch bestimmte Geber wie die USA oder Frankreich ganz ausschließen. Zusammen gaben sie in den fünf Jahren, die wir in Tabelle 7 aufführen, 30 bis 35 Prozent aller Hilfe. Im Kalten Krieg lag ihr Anteil noch höher.[98] Allerdings hatten und haben auch die USA oder Frankreich Programme, die sich an den Bedürfnissen der Armen orientieren. Man müsste diese also herausdestillieren können. Es gibt eine ökonometrische Studie, die etwas in diese Richtung herauszufinden versuchte. Sie kommt zum Schluss, dass die USA nur zwölf Prozent ihrer Hilfe an den Bedürfnissen der Empfängerländer ausrichten und damit ihre Eigeninteressen viel stärker als die anderen Geber verfolgen.[99] Allerdings können die anderen Geber nicht aus der Verantwortung entlassen werden. Auch bei ihnen müssten jene Ausgaben ausgesondert werden, die strategischen Motiven folgten und oft Folge von Absprachen innerhalb der Nato waren. Ließe man nur die Entwicklungshilfe der kleinen »unverdächtigen« Geber gelten – zum Beispiel Skandinavien, Holland plus die Schweiz –, würde dies noch 10 bis 15 Prozent des Totals ausmachen, was sicher zu wenig ist.[100]

2. **Weiter wäre zu berechnen, um welche Beträge sich die Entwicklungshilfe verringert, wenn sie gleichzeitig den wirtschaftlichen Interessen der Geberländer dient.**

Zu Beginn dieses Jahrtausends sind vor allem noch die gebundene Hilfe und die technische Zusammenarbeit von Bedeutung. Nach Berechnungen von Actionaid müssten wegen der gebundenen Hilfe die Beträge, welche die Empfängerländer ausweisen, um 4 Prozent gekürzt werden. Im Falle der technischen Zusammenarbeit schätzt Actionaid, dass rund 25 Prozent gebunden sind, dass sie um ein Viertel überbewertet ist und dass ein weiteres Viertel die Qualität von Institutionen und im Management nicht verbessert. Unter dem Strich könne nur ein Viertel als Hilfe angerechnet werden. Das hieße, dass fünfzehn bis zwanzig Prozent der gesamten Hilfe durch überteuerte und nutzlose technische Zusammenarbeit verschwendet würden.

Actionaid kam zum Schluss, dass 2003 von der Gesamtsumme von 69 Milliarden Dollar, die die Geber als Entwicklungshilfe deklarierten, noch 39 Prozent, also 27 Milliarden, als entwicklungsorientierte Hilfe gelten könnten. Für die ausgewiesene Gesamthilfe von 79 Milliarden Dollar 2004 kam Actionaid auf 53 Prozent beziehungsweise 42 Milliarden entwicklungsorientierter Hilfe. Da Actionaid in den Berechnungen die strategisch motivierte Hilfe nicht ausscheidet, dürfte die entwicklungsorientierte Hilfe noch tiefer liegen.

Die Zahlen richtig zu kriegen, ist keine intellektuelle Spielerei. Die Kritik an der Entwicklungszusammenarbeit lebt davon, dass sie mit den Zahlen spielt. Jedes deutsche Feuilleton druckte Easterlys beredte Klage ab, dass seit den Anfängen der Entwicklungshilfe 2300 Milliarden Dollar ausgegeben worden seien – und noch immer gebe es bittere Armut.[101] In der Schweiz operiert die *Neue Zürcher Zeitung* mit den großen Zahlen: Mit 300 oder 600 Milliarden Dollar Hilfe, je nach Autor, sei Afrika »jahrzehntelang überfüttert« worden, ohne überzeugende Resultate.[102] Werden diese Beträge auf ein Viertel reduziert, was keine schlechte Schätzung der tatsächlich entwicklungsrelevanten Hilfe sein dürfte, sieht die Welt schon ziemlich anders aus.

»Entgegen den Absichten der Entwicklungshilfe wird ihre haupt-
sächliche Wirkung darin bestehen, den Vormarsch des Kommu-
nismus in der unterentwickelten Welt zu beschleunigen.«

MILTON FRIEDMAN, 1958[103]

8. Der blinde Fleck der Fundamentalkritik

Kritik an der staatlichen Entwicklungshilfe ist berechtigt, wie unsere Übersicht zeigt. Zu kritisieren ist, dass die Geberländer aus dem Entwicklungsbudget nicht nur entwicklungsorientierte Programme finanzieren, sondern auch außenpolitische Operationen, die mit Entwicklung nichts zu tun haben und eigenen strategischen oder wirtschaftlichen Interessen dienen.

Doch diese Zweckentfremdung taucht in der pauschalen Fundamentalkritik an der Entwicklungshilfe, wie sie in den vergangenen Jahren zu hören war, überhaupt nicht auf. Dass die außenpolitischen Interessen der Geberländer selber die Wirksamkeit der Hilfe entscheidend und oft negativ beeinflussen, bleibt der blinde Fleck der Fundamentalkritik. Stattdessen behauptet sie:

1. Die Hilfe habe das Wirtschaftswachstum der armen Länder nicht gefördert und damit die Armut nicht verringert.

2. Die Hilfe erreiche nicht die Armen, sondern werde durch korrupte Regierungen und Eliten eingesackt.

3. Die Entwicklungsländer, die heute noch im Elend stecken, würden durch ihre rückständige Kultur daran gehindert, sich zu entwickeln, wie es das Beispiel Afrikas demonstriere. Mehr Geld löse die Probleme nicht.

4. Dass es trotz nachweisbarem Misserfolg weiterhin Entwicklungshilfe gebe, sei dem Eigeninteresse der Entwicklungsbürokraten zu verdanken, die ihre Misserfolge schönredeten und in den Tropen ein Luxusleben führten.[104]

Die Kritik richtet sich politisch gegen das Millenniumsprogramm und die Erhöhung der Entwicklungsbudgets. Sie entstand im Zusammenhang mit der Sondergeneralversammlung der Uno von 2005, an der zum ersten Mal Bilanz über die Erreichung der Millenniumsziele gezogen wurde. Die Fundamentalkritik fand in Deutschland und der Deutschschweiz ein großes mediales Echo. Sie wurde aber auch in französisch- und englischsprachigen Medien aufgegriffen. Dort setzten sich allerdings gewichtige Leitmedien wie der *Economist* für die Millenniumsziele ein. Demgegenüber machte sich das wichtigste Leitmedium der Deutschschweiz, die *Neue Zürcher Zeitung*, zum Sprachrohr der Fundamentalkritik.

Dieses Kapitel behandelt die ersten beiden Argumente der Fundamentalkritik. Kapitel 9 wird sich mit dem Afrika-Argument auseinandersetzen. Das vierte Argument kann gleich erledigt werden: Niemand wird im Ernst behaupten, die Regierungen und Parlamente von Staaten wie den USA, Japan, Frankreich, Deutschland oder Großbritannien würden seit bald fünfzig Jahren Entwicklungszusammenarbeit betreiben und dafür Milliardenbudgets bewilligen, nur um ihre Hilfsbürokraten glücklich zu halten. Die zuständigen Ministerien und Verwaltungsabteilungen zählen zu den »schwachen« Ressorts, die innenpolitisch nur wenig abgestützt sind und deren Stimme erst in zweiter oder dritter Linie zählt. Dass ihre Ressourcen nicht für andere, besser abgestützte Staatszwecke »konfisziert« werden – und sei es nur für Steuergeschenke an die Reichen –, ist leider nicht zuletzt dem Umstand zu verdanken, dass sich die Entwicklungszusammenarbeit außenpolitisch instrumentalisieren lässt. Doch genau über diesen wesentlichen Schwachpunkt der Entwicklungspolitik schweigt sich die Fundamentalkritik aus.

Selektiver Umgang mit wissenschaftlichen Studien

Die Fundamentalkritiker stützen sich für ihre Behauptungen auf eine Reihe von statistischen Untersuchungen, die zum Schluss kommen, Entwicklungshilfe habe keine nachweisbare Wirkung auf das Wirtschaftswachstum. Sie blenden dabei aus, dass diese Frage unter ÖkonomInnen kontrovers behandelt wird. In den letzten vierzig Jahren sind über hundert ökonometrische Studien über die Wirkung der Hilfe auf das Wirtschaftswachstum publiziert worden – mit unterschiedlichen Resultaten. Einzelne wie Mark McGillivray, der stellvertretende Direktor der Uno-Universität in Helsinki, meinen, es schäle sich langsam der Konsens heraus, dass Entwicklungshilfe unter bestimmten Umständen positiv auf das Wirtschaftswachstum wirke.[105] Andere glauben, alle Studien zusammen zeigten, dass die Wirkung auf das Wachstum bescheiden bis Null gewesen sei.[106]

Die jüngste Generation von Wachstumsstudien setzte mit dem Weltbankbericht *Assessing Aid* von 1998 ein. Dieser Bericht stützte sich auf eine Studie der Weltbankökonomen Craig Burnside und David Dollar.[107] Ihre Schlussfolgerung lautet: Hilfe hat nur dann eine messbare Wirkung auf das Wirtschaftswachstum gehabt, wenn sie an Staaten geleistet wurde, die eine gute Geld-, Fiskal- und Handelspolitik, kurz *good policies* genannt, verfolgten. Hilfe an Staaten mit »schlechter Politik«, so Burnside und Dollar, habe keine Auswirkung auf das Wachstum. Man beachte, dass die Autoren »gute Politik« sehr eng verstehen. Sie weisen darauf hin, dass die Geberländer in der Vergangenheit die Hilfe an Länder mit »schlechter Politik« fortgesetzt hätten, weil sie noch andere Interessen als das Entwicklungsinteresse verfolgt hätten. Und sie stellen fest, dass sich die Geld-, Fiskal- und Handelspolitik der Empfängerländer im Vergleich zu den Achtzigerjahren langsam verbessere. Mehr Länder als je zuvor verfolgten eine »gute Politik«. »Ironischerweise«, schreiben sie, »kam es in den letzten zwei Jahren [1996/97] zu Kürzungen der Hilfe [...]. So verbessert sich das Klima für wirksame Hilfe, während der Betrag der Hilfe schrumpft.«[108]

Seither läuft eine Diskussion unter ÖkonomInnen, die die Problematik solcher Untersuchungen aufzeigt und für die Wirksamkeitsuntersuchungen mit neuen Pisten experimentiert.

Äpfel mit Birnen vergleichen

Die allermeisten Wachstumsstudien rechnen mit den umfassenden (aggregierten) Totalbeträgen der Hilfe, die in den Entwicklungsländern ankommen.[109] Das wird in zweierlei Hinsicht kritisiert. Erstens wirkt nicht jede Komponente der Hilfe gleichförmig auf das Wirtschaftswachstum ein. Und zweitens dient, wie auch unser Kapitel 7 zeigte, nicht alles, was in den Totalbeträgen der Hilfe enthalten ist, tatsächlich Entwicklungszwecken.

Verschiedene Komponenten entwicklungsorientierter Hilfe: Meistens wird die Not- und humanitäre Hilfe in den Wachstumsstudien mitgerechnet. Das ist fragwürdig. Denn die Nothilfe ist naturgemäß negativ mit dem Wachstum verknüpft. Sie deckt (teilweise) die Schäden, die natur- und menschengemachte Katastrophen bewirken. In diesem Jahrzehnt machte sie zwischen sieben bis neun Prozent der Hilfe aus, welche die Empfängerländer erhielten. Auch andere Komponenten der Hilfe sind nicht wirklich mit dem Wachstum verknüpfbar. Dazu gehören etwa Demokratieförderung, *nation building*, Post-Konflikt- und Friedensoperationen, Demobilisierungen oder die Bekämpfung des Drogenanbaus – lauter Programme, welche die Geber als Entwicklungshilfe ausweisen und die in den letzten Jahren zwischen einer halben und eineinhalb Milliarden Dollar jährlich ausgemacht haben. All diese Komponenten sollten in Wirksamkeitsstudien nicht mitgerechnet werden.[110]

In diesem Zusammenhang wird ein weiterer Punkt diskutiert. Wirkt, so fragen einzelne ÖkonomInnen, Hilfe im Bildungsbereich in der gleichen Weise auf das Wirtschaftswachstum wie etwa Hilfe für produktive Sektoren der Industrie? Natürlich nicht. Der Unterschied ist am einfachsten anhand des Zeitfaktors zu zeigen. Während ein Wachstumseffekt von Hilfe an produktive Sektoren rasch sichtbar werden sollte, dauert es viel länger, bis sich Bildungsfortschritte allenfalls in Wirtschaftswachstum niederschlagen. Nun rechnen aber die meisten Wachstumsstudien, auch Burnside und Dollar, mit kurzen Zeitperioden von vier bis fünf Jahren, um anderen statistischen

Problemen auszuweichen. Die Wirkung der Hilfe im Bildungssektor kann so gar nicht erfasst werden.

Dieses Problem versuchte ein Ökonomenteam des amerikanischen Center for Global Development mit einer neuen Untersuchungsanlage zu berücksichtigen. Das Team zerlegte die Hilfe nach Abzug der Nothilfe in kurz- und langfristig wirksame Komponenten. Als kurzfristig wirksame Hilfe rechnete es Budget- und Zahlungsbilanzhilfen, Investitionen in Infrastruktur und Hilfe für produktive Sektoren wie Landwirtschaft oder Industrie. Seinen Berechnungen zufolge machen diese Komponenten 53 Prozent aller Hilfe aus, die bei den Empfängerländern ankommt. Als langfristig wirksame Hilfe versteht es Hilfe in den Sektoren Umwelt, Gesundheit und Bildung und zählt dabei auch die Demokratieförderung mit. Investitionen in diese Sektoren haben potenziell eine bedeutende Wachstumswirkung, aber eben erst auf längere Sicht. Ihre Wirkung kann mit den herkömmlichen Modellen nicht erfasst werden. Das Team rechnet in seiner Studie nur mit den kurzfristig wirksamen Komponenten und verwendet das gleiche Modell und den gleichen Datenbestand wie Burnside und Dollar. Damit kommt es auf eine signifikant wachstumsfördernde Wirkung der kurzfristig wirksamen Komponenten der Hilfe, ungeachtet dessen, ob die Länder *good* oder *bad policies* verfolgen.[111]

Pseudohilfe ohne Entwicklungszweck: Dass strategisch motivierte, am Eigennutz der Geber orientierte Hilfe kaum Entwicklung oder Wirtschaftswachstum in Gang brachte und bringt, ist unter ÖkonomInnen eigentlich unbestritten. Dennoch kalkulieren die meisten Wirksamkeitsstudien die strategisch motivierte Hilfe mit ein. Denn diese wird ja in den OECD- und Geberstatistiken aus naheliegenden Gründen auch nicht separat ausgewiesen. Zudem operiert die große Mehrzahl der Studien mit Daten, die praktisch nur den Zeitraum des Kalten Kriegs umfassen, also genau die Ära, in der der Einsatz von Entwicklungsgeldern als politisches Schmiermittel am stärksten grassierte. Die Resultate dieser Untersuchungen, ob negativ oder positiv, dürften heute eigentlich gar nicht mehr benutzt werden.

Die strategisch motivierte Hilfe ist, wenn überhaupt, eher negativ mit dem Wirtschaftswachstum korreliert. Interessant wäre heute eine Wirksamkeitsuntersuchung, welche die Ära des Kalten Krieges mit den Jahren von 1990 bis heute vergleicht. Eine solche Studie ist dem Autor nicht bekannt.

Es gibt jedoch ÖkonomInnen, die den strategischen Teil der Hilfe rechnerisch zu erfassen und auszuscheiden versuchen. Sanjay Reddy und Camelia Minoiu von der Columbia University New York kommen auf eine stark positive Beziehung von Hilfe und Wachstum, wenn sie die strategisch motivierten Teile ausscheiden. Im Unterschied zu anderen verwenden sie ein Modell, mit dem sich die Wirkung der kurz- und langfristig wirksamen Komponenten der Hilfe berechnen lässt. Sie beziehen also auch die Investitionen ins »Humankapital« und in die Umwelt mit ein, welche das Ökonomenteam des Center for Global Development weglassen musste.

Reddy und Minoiu treffen verschiedene Annahmen, um die strategisch motivierte Hilfe zu berechnen. Sie bezeichnen die Hilfe bestimmter Geberländer pauschal als entwicklungsfördernd, zum Beispiel jene der skandinavischen Länder, Hollands oder auch der Schweiz (siehe S. 95 f.). Ebenso betrachten sie die multilaterale Hilfe pauschal als entwicklungsorientiert. Die USA, Frankreich, Japan und andere fallen hingegen in die Kategorie der strategisch motivierten, »eigennützigen« Geber, deren Hilfe Reddy und Minoiu nicht einrechnen. Die Beträge, mit denen die beiden rechnen, sind entsprechend klein. Die Gruppe der Nordländer erreichte in den Neunzigerjahren einen Anteil von 7,2 Prozent der bilateralen Hilfe; das sind 5 Prozent der bilateralen und multilateralen Gesamthilfe. Die größere Gruppe der »gleich gesinnten Länder« hielt im selben Jahrzehnt einen Anteil von 16,3 Prozent der bilateralen und 11,3 Prozent der Gesamthilfe.[112]

Die Einteilung von Reddy und Minoiu ist sehr grob. Alle Geber haben Programme laufen, die sich an Entwicklungsbedürfnissen orientieren, auch die USA. Und dass die multilaterale Hilfe pauschal als entwicklungsorientiert eingestuft wird, stimmt mit den Tatsachen nicht völlig überein. Die strategisch wichtigen Regime wurden während des Kalten Kriegs auch multilateral gehätschelt, weil es die USA und ihre Verbündeten so wollten. Die Untersuchung verfolgt aber grosso modo einen stimmigen Ansatz, der weiterentwickelt werden könnte.

Wirtschaftswachstum und Armutsbekämpfung

Dass der Frage nachzugehen ist, ob die Entwicklungshilfe etwas bringt, ist unbestritten. Wieso sich die Wirksamkeitsuntersuchungen allerdings darauf konzentrieren, eine Wirkung der Hilfe auf das Wirtschaftswachstum nachzuweisen, erklärt sich nur damit, dass viele ÖkonomInnen von einer linearen Wirkung des Wachstums auf die Armut ausgehen. Jedes Prozent Wachstum übersetzt sich für sie in eine entsprechende Einkommenssteigerung für die Armen. Einige kritisierten jedoch diese Annahme. Sie verwiesen auf die vielen Fälle, wo starke gesellschaftliche Ungleichheit dazu führt, dass die Wachstumsgewinne überproportional am oberen Ende der Einkommensskala anfallen. Sie argumentierten, dass die Hilfe direkt und nicht nur über den Umweg des Wachstums zur Reduktion der Armut eingesetzt werden könne.

Nach dem ökonomischen Berater der britischen Entwicklungsagentur, Jonathan Beynon, reduzieren auch Umverteilung und Investitionen in Gesundheit, Bildung und Umwelt die Armut. Ähnlich argumentierte Patrick Guillaumont, der Präsident des Centre d'Etudes et de Recherches sur le Développement in Paris: Es sei paradox, die Armut mit der Annahme reduzieren zu wollen, dass die Hilfe keine Wirkung auf die Einkommensverteilung habe (oder haben dürfe), sondern nur über das Wachstum wirken solle.[113] Rolph van der Hoeven, Direktor der International Policy Group der Internationalen Arbeitsorganisation (ILO), kritisierte, dass Burnside und Dollar Umverteilungspolitik nicht für nötig halten, weil das Wachstum auf alle

Fälle den Armen zugute komme. Tatsächlich gebe es aber auch eine andere Kausalität: In vielen ärmsten Ländern würden die Wachstumschancen von Umverteilungsmaßnahmen und der Reduktion der Ungleichheit abhängen. Hoeven nimmt damit Bezug auf die Literatur, welche große soziale Ungleichheit als wachstumshemmenden Faktor beurteilt.[114]

Es wäre deshalb nur folgerichtig, alternative Wirksamkeitsuntersuchungen aufzugleisen, welche die Hilfe nicht mit dem Wachstum, sondern mit Indikatoren für die Armutsreduktion korrelierten. Eine Pilotstudie dieser Art lieferte ein Team des Kieler Instituts für Weltwirtschaft mit Peter Nunnenkamp. Die Autoren schreiben, »statt auf kurzfristige Wachstumswirkungen sollte der Fokus [der Wirksamkeitsuntersuchungen] auf spezifischere Resultate-Variablen gerichtet werden«. Sie versuchen, ein solches Unterfangen anhand der Hilfe im Bildungsbereich zu demonstrieren, und kommen zum Resultat, dass diese zu einem signifikanten Anwachsen der Grundschulbildung geführt habe.[115]

Wirksamkeitsstudien mit geringem Realitätsbezug

Rekapitulieren wir: Die meisten Wachstumsstudien rechnen mit hochaggregierten Hilfezahlen, die entwicklungsförderliche und entwicklungsschädliche Komponenten umfassen. »Es ist nicht überraschend«, schreiben deshalb Philipp Harms und Matthias Lutz, »dass eine Variable, die so umfassend ist wie die offizielle Entwicklungshilfe, keine starke, nachweisbare Wirkung auf das Wachstum hat.«[116]

Wird, wie in einigen jüngeren Untersuchungen, nur die potenziell wachstumsfördernde Hilfe eingerechnet, ergeben die ökonometrischen Berechnungen positive Wirkungen der Hilfe auf das Wachstum. Dasselbe Resultat könnte sich ergeben, wenn die Hilfe nicht in ihrer Wirkung auf das Wachstum, sondern auf die Reduktion der Armut untersucht würde – ökonometrische Untersuchungen dazu haben allerdings noch kaum begonnen.

Das sind *good news* für die BefürworterInnen der Entwicklungszusammenarbeit. Euphorie wäre aber fehl am Platz. All diese Untersuchungen sind mit Vorsicht aufzunehmen. Das hat mit den inhärenten methodischen Problemen solcher Studien zu tun, welche eine Vielzahl höchst unterschiedlicher Länder anhand einiger weniger Daten über einen Leisten schlagen. Um die Beziehung zwischen Hilfe und Wachstum zu berechnen, konstruieren die ÖkonomInnen ein mathematisches Modell, das auf bestimmten Annahmen beruht. Die Resultate variieren mit den Annahmen, die in das Modell einfließen, und mit den Daten, die verwendet werden. Verschiedene Autoren zeigen zum Beispiel, dass sich die Resultate der Studie von Craig Burnside und David Dollar verändern, wenn die Annahmen spezifiziert oder die Daten um einige Jahre ausgeweitet werden. Seither gelten ihre Resultate für die Fachwelt als nicht »robust« und ihre These als unhaltbar.[117]

Ganz anders in der Öffentlichkeit. Medien und Fundamentalkritiker benutzen nach wie vor die Burnside-Dollar-These, wonach die Hilfe höchstens dann wirksam sei, wenn sie an Länder mit *good policies* gehe. Das hat damit zu tun, dass die Weltbank diese These mit großem Aufwand propagierte. Ihre PR-Verantwortlichen brachten in der Folge zwei weitere Forschungspapiere groß heraus.[118] Die wissenschaftlich unterfütterte politische Botschaft aller drei Papiere lautet: Die Hilfe steigert das Wachstum und reduziert damit die Armut, wenn die Empfängerregierung eine »gute Politik« verfolgt. Darunter sind die Handelsliberalisierung und andere Schritte zur vollen Integration in die Weltwirtschaft zu verstehen. Also genau die Politik, welche die Bank von ihren Kunden seit den Achtzigerjahren als Bedingung für die Kreditgewährung verlangt und als Voraussetzung dafür propagiert, dass die Länder von der Globalisierung »profitieren« könnten.

Eine groß angelegte, unabhängige Evaluation der ökonomischen Forschung der Weltbank kam 2006 zum Schluss, es sei ein Fehler gewesen, dass die Bank diesen Papieren so viel öffentliches Gewicht gegeben habe. Denn ihre empirischen Resultate seien nur »fragiler, versuchsweiser Natur« gewesen. Den Ausschlag, die Papiere zu propagieren, habe nicht die wissenschaftliche Güte der Thesen gegeben, sondern der Nutzen für die Rechtfertigung der eigenen Politik. Obwohl die Fragilität der wissenschaftlichen Resultate mittlerweile bekannt sei, habe die Bank dies immer noch nicht öffentlich korrigiert.[119]

Im Jahr darauf bekannte Nobelpreisträger Joseph Stiglitz: »Ich fühle mich ein bisschen schuldig, weil vieles der [Wirksamkeits-]Literatur aus der Forschung der Weltbank hervorging, zu einer Zeit [1997–2000], als ich Chefökonom war. Ich stand [dieser Literatur] sehr kritisch gegenüber. Aber im Sinne von Tausend-Blumen-blühen-lassen hielt ich [meine Mitarbeiter] nicht davon ab, die Resultate zu publizieren, obwohl ich dachte, sie seien sehr fehlerhaft. Warum? Die Resultate leiden unter ökonometrischen Problemen und Problemen der Robustheit. Wenn Sie nur leicht das Dataset ändern, die Jahre oder die Länder, die es umfasst, erhalten Sie unterschiedliche Resultate.«[120]

Die beiden Pole der Kritik an der Entwicklungshilfe

Da in der realen Welt entwicklungsfördernde *und* entwicklungsschädliche Hilfe geleistet wird, liegt die politische Schlussfolgerung auf der Hand: Die Geberländer sind von politisch motivierter, eigennütziger Hilfe abzubringen oder zumindest für eine Erhöhung der entwicklungsorientierten Hilfe zu gewinnen.

Genau hier liegt der blinde Fleck der Fundamentalkritik. Sie schweigt sich über die außenpolitische Instrumentalisierung der Entwicklungsbudgets durch die Geberländer aus. Sie verschont die eigenen Regierungen (und interessierten Unternehmen), teilt jedoch sehr freigiebig harte Kritik an die »unfähigen, raffgierigen« Regierungen der Empfängerländer aus. Sie führt damit dem latenten Überlegenheitsdünkel und Rassismus der westlichen Öffentlichkeit geistiges

Futter zu. Sie zählt jedes Handgeld für einen nützlichen Despoten, jedes Schmiermittel für eine Uno-Abstimmung, jede Bündnisoperation wie die Ablösung Ägyptens aus den Zahlungen der arabischen »Bruderländer« zur Entwicklungshilfe und beklagt, dass diese den Armen nichts nütze. Sie zupft aus einer anhaltenden kontroversen wissenschaftlichen Diskussion ein paar Elemente heraus, die dem eigenen Furor entsprechen, und übergeht alle anderen Resultate, die nicht in ihre Argumentation passen. Was die Fundamentalkritik politisch wirklich erreichen kann, wäre die Kürzung oder Streichung der entwicklungsorientierten Hilfe. Der ganze Rest dubioser, machterhaltender, profitorientierter Auslandzahlungen würde weiterlaufen. Denn dahinter stehen nicht die verpönten »Gutmenschen« der Entwicklungszusammenarbeit (oder der »Hilfsindustrie«), sondern die bewunderten »Realisten« der Macht und des Geldes.

Die Fundamentalkritik der letzten Jahre ist kein neues Phänomen. Sie steht in der Tradition der Kritik von rechts am staatsinterventionistischen Charakter der Entwicklungshilfe, wie sie in den Fünfzigerjahren erstmals formuliert worden ist. Milton Friedman, der Übervater des amerikanischen marktradikalen Liberalismus, stimmte seinerzeit ausdrücklich dem politischen Ziel der Entwicklungshilfe zu, nämlich den Vormarsch des Kommunismus zu verhindern. Er hielt jedoch das Mittel dazu, die Entwicklungshilfe, für falsch. Sie werde auf die Länge den Staat und die Staatswirtschaft stärken und damit »in die Hände unserer Feinde arbeiten«. Die Hilfe müsse deshalb abgeschafft werden. Stattdessen sollten die USA »die freie Marktwirtschaft in den weniger entwickelten Nationen fördern, die Hindernisse zu einem freien Welthandel zwischen privaten [Unternehmen] beseitigen und ein Klima schaffen, das privaten Auslandinvestitionen förderlich ist«. Friedman betonte, sein Plädoyer gegen die Hilfe beziehe sich nicht auf die Militärhilfe. Für Friedman war diese Form der Stärkung des Staates, die der physischen Vernichtung des Feindes dient, perfekt mit dem Funktionieren freier Märkte vereinbar.[121]

Das Gegenstück zur marktradikalen Kritik an der Entwicklungshilfe war die Kritik von links. Die marxistischen und nationalrevolutionären Strömungen in den Sechziger- und Siebzigerjahren sahen in der Hilfe ein Instrument des amerikanischen Imperialismus und des europäischen Neokolonialismus. Für ihre Kritik fanden sie, wie Kapitel 7 zeigt, reichliches Anschauungsmaterial. Die Kritik von links war aber blind für den »janusköpfigen Doppelcharakter der Hilfe«[122]: Sie sah nur die strategisch motivierte Pseudohilfe und tat sich schwer, die entwicklungsorientierte Hilfe wahrzunehmen. Dieser Kritikstrang überlebte 1989 den Zusammenbruch der real existierenden »Systemalternative« nicht. In einem gewissen Maß wurden seine Themen jedoch durch die Post-Entwicklungsschule der Neunzigerjahre wieder aufgenommen. Diese kritisiert das Unternehmen »Entwicklung« als hegemoniale Veranstaltung des Westens, seinen Industrialismus und Kapitalismus auf Kosten der autochthonen Potenziale und Kulturen der ehemaligen Dritten Welt global durchzusetzen.

Entwicklung, die Wachstum und Armut zugleich produziert

Es gab und gibt eine ganze Reihe von großen Entwicklungsvorhaben, die sich positiv auf das Wirtschaftswachstum auswirken, aber vor Ort Tausende von Menschen ersatzlos ihrer Existenzgrundlagen berauben, also vorübergehend oder auf längere Sicht Armut produzieren. Das kommt vor bei großen Infrastrukturvorhaben wie Staudämmen, Straßen, Häfen und Flughäfen, der Räumung und »Aufwertung« städtischer Slums, im Bergbau, bei großflächigem Holzschlag oder auch der Anlage von Naturreservaten und Biosphärenprojekten. Die wenigsten, die durch den »Fortschritt« vertrieben wurden, sind bislang angemessen entschädigt oder mit alternativen Existenzgrundlagen ausgestattet worden. Ihre wirtschaftliche Tätigkeit ist in der Regel statistisch weder vor noch nach der Vertreibung erfasst worden, weil sie sich durch landwirtschaftliche Subsistenz-produktion oder im informellen Sektor über Wasser halten. Deshalb schlägt sich auch ihre Verarmung durch »Entwicklung« nicht in der volkswirtschaftlichen Statistik nieder. Michael Cernea, Berater der Weltbank für Soziologie und Sozialpolitik bis 1997, hatte als Erster die Verarmungseffekte solcher Entwicklungsvorhaben systematisch zu erfassen versucht. Darauf aufbauend, schätzt die Umweltabteilung der Weltbank heute, dass jährlich zehn Millionen Menschen allein in Folge von Staudammbauten, Stadtentwicklung, Transport- und Inf-rastrukturbauten vertrieben werden.[123]

In einem Jahrzehnt also rund 100 Millionen Menschen. Die formlose, oft gewaltsame Aneignung landwirtschaftlichen Bodens für Entwicklungsprojekte hat in Indien und China in den letzten Jah-ren zu den hohen Wachstumsraten beigetragen und gleichzeitig Mil-lionen von Menschen in die Armut gedrängt. Entwicklungsinduzierte Bevölkerungsvertreibungen sind in beiden Ländern zu einer Haupt-quelle sozialer Unrast und aufstandsähnlicher Ereignisse geworden.

»Die Dekolonisierung in Afrika wurde als Prozess konzipiert, der vorher nicht existierende, völlig neue Staaten hervorbrachte... Während der europäische Kolonialismus in Asien das Überleben von einigen geschichtlich begründeten politischen Einheiten erlaubte, ging er in Afrika unter fast vollständiger Nichtbeachtung vorhandener politischer Strukturen vor.«

LEENCO LATA[124]

»Mobutu war unser bester Freund in Afrika.«

GEORGE BUSH SEN.[125]

9. Woran leidet Afrika?

Die Fundamentalkritik an der Entwicklungshilfe operiert am liebsten mit dem Beispiel Afrika. Ihres Erachtens leidet Afrika nicht an zu wenig, sondern an zu viel Entwicklungshilfe. Die Hilfe erlaube den afrikanischen Regierungen, marktwirtschaftliche Reformen zu verschleppen, mit entsprechend negativen Konsequenzen für die wirtschaftliche Entwicklung. Schließlich hätten in Afrika informelle, persönliche Beziehungen Vorrang vor rational-formellen Regeln. Materielle Güter ließen sich über persönliche Beziehungen leichter erlangen als über Investitionen. Deshalb seien Begünstigung, Nepotismus und Korruption in Afrika ein dominierendes Muster des Sozialverhaltens. Zusammengefasst: Unter solchen kulturellen Voraussetzungen würden sich weder gute Regierungsführung noch Kapitalismus entwickeln lassen. Statt dessen breite sich Bettlermentalität aus.[126]

In der Schweiz veranlasste die Verschmelzung von Fundamentalkritik an der Entwicklungshilfe und *Africa bashing* sogar den mittlerweile abgewählten Justizminister Christoph Blocher, in die

Diskussion einzusteigen. Er bekannte vor einer parlamentarischen Kommission und den Medien, er sei ratlos und wisse nicht, wie die Zustände Afrikas zu verbessern seien. Er glaube aber, dass Entwicklungshilfe an Afrika nutzlos verpuffe. Er sehe deshalb zwei Handlungsmöglichkeiten: Man könne Afrika sich selber überlassen oder »die afrikanischen Länder wieder kolonialisieren«.[127] Blocher ist ein Afrikakenner eigener Art. Er war lange Jahre dem Apartheidregime in Südafrika verbunden und hat ihm, prinzipienfest, bis zum bitteren Ende 1994 die Treue gehalten.

Der afropessimistische Diskurs: Uns trifft keine Schuld

Damit knüpfte Blocher an die afropessimistische Strömung an, welche nach dem Kalten Krieg in den USA und in Europa Zulauf gefunden hat. Afropessimisten glauben, dass Afrikas Probleme nicht die Folge des Kolonialismus sind. Vielmehr habe ein schwacher kolonialer Staat die traditionellen afrikanischen Gesellschaften nur unvollständig durchdrungen und zu wenig verändert. Vorsichtige Kolonialherren hätten die afrikanischen Traditionen übermäßig respektiert und überkommene Strukturen unangetastet gelassen. Möglicherweise leide Afrika darunter, dass Europa seine Mission in Afrika nicht vollendet habe. Deshalb komme Afrika nicht aus eigener Kraft voran und bleibe im Käfig rückständiger Traditionen gefangen. Müssen wir, fragen sie, die unvollendet gebliebene Aufgabe vollenden und Afrika rekolonisieren?[128]

Der afropessimistische Diskurs schlägt ein. Wieso? Weil er Afrika die Verantwortung für die eigene Misere zuschreibt. Dass Afrika selber schuld ist, erleichtert ungemein. Schließlich ist man sich nicht ganz sicher, ob nicht doch Europa und Nordamerika Mitschuld tragen. Der Afropessimismus steht im Spannungsfeld der besonderen Geschichte, die Afrika, Europa und Nordamerika miteinander verbindet: des transatlantischen Sklavenhandels und der Kolonisation. Deshalb gibt es auch außerhalb Europas und seiner Siedlerstaaten keine Afropessimisten. Niemand in Lateinamerika oder Asien fühlt sich von Afrikas Schicksal als möglicherweise Mitschuldiger betroffen.

In der Sache führt die Schuldzuweisung zu unfruchtbaren Diskussionen. Es wird verlangt, zwischen binären Erklärungsansätzen zu wählen. Ist der Zustand der afrikanischen Staaten durch interne Faktoren oder durch das Handeln externer Akteure zu erklären? Eine solche Alternative ist Unsinn. Kein geschichtliches Gebilde kann allein durch interne oder nur durch externe Faktoren erklärt werden. Für jede Analyse ist beides beizuziehen. Über das Schicksal Afrikas entscheiden in letzter Instanz die politischen und sozialen Auseinandersetzungen in den afrikanischen Ländern selber. Entsprechend kommt seinen Eliten eine große Verantwortung zu. Aber die Interventionen externer Mächte und internationale Gegebenheiten wie der Weltmarkt und seine Regeln spielen natürlich eine Rolle.

Bekanntlich sind nur formaljuristisch alle Staaten gleich souverän. In Realität hängt ihre Souveränität vom wirtschaftlichen, militärischen und politischen Gewicht ab, das sie in die Waagschale werfen können. Die meisten afrikanischen Staaten haben mit der Unabhängigkeit nur eine federleichte Souveränität gewonnen und sind entsprechend Objekte handfester äußerer Einmischung.

Welche Geschichte prägt Afrika?

Ebenso wenig lässt sich der koloniale Faktor aus der Analyse Afrikas ausklammern, auch wenn man den Entwicklungen nach der Unabhängigkeit und den Einflüssen der vorkolonialen Geschichte ihren Platz zuerkennt. Die Unabhängigkeit liegt auch noch nicht so lange zurück, wie sich das verschiedene Teilnehmer am Streit über die Entwicklungshilfe wünschen. Im schweizerischen Boulevardblatt *Blick* schrieb ein ehemaliger Präsident der Freisinnigen Partei, man könne den Kolonialismus nicht für die Armut Afrikas verantwortlich machen. Schließlich sei beispielsweise Liberia seit 1847 unabhängig.[129] Damals stand aber die Kolonialisierung Afrikas erst bevor.

Und in einem Wochenblatt weigerte sich ein Kolumnist, die Zustände in Entwicklungsländern durch den »Kolonialismus im 19. Jahrhundert« zu erklären.[130] Der Mann verwechselte das Jahrhundert, um sein Argument zu untermauern. Offensichtlich hat er vergessen, dass er im Vollsaft seiner journalistischen Kräfte stand, als 1975 die portugiesischen Kolonien als letzte die Unabhängigkeit erlangten. Natürlich spielen geschichtliche Ereignisse, die sehr lange zurückliegen, nur noch eine untergeordnete Rolle. Aber niemand würde die jüngste europäische Geschichte ohne Rückgriff auf die beiden Weltkriege erklären, ohne den Aufstieg und Niedergang der europäischen Imperialismen oder ohne die Französische Revolution. Das Gleiche gilt für Afrika: Seine jüngste Geschichte lässt sich ohne Kolonialismus und transatlantischen Sklavenhandel nicht verstehen.

Das wichtigste Erbe des Kolonialismus – die moderne Autokratie

Dass das koloniale Erbe nachwirkt, lässt sich kaum verleugnen. Es ist allgemein bekannt, dass die Wirtschaft der neuen unabhängigen Staaten auf die Bedürfnisse der Metropolen zugeschnitten war. Wie steht es mit dem politischen Erbe? Die Afropessimisten sehen die Übel Afrikas in seinen herrschenden Eliten konzentriert. Diese sind wahlweise kleptokratisch, korrupt, grausam und despotisch. Wer wollte dem widersprechen? Die Ausnahmen waren bis vor Kurzem an den Händen abzuzählen. Aber woher kommt dies?

Hier spielt das Erbe des kolonialen Staats eine prägende Rolle. Die Kolonialmächte schufen einen »zweigeteilten Staat«, wie das Mahmood Mamdani von der Columbia University in seiner großen Untersuchung über die politisch-institutionelle Hinterlassenschaft des Kolonialismus nennt.[131] In den Städten und den wirtschaftlichen Institutionen der Kolonie herrschte für die »zivilisierten Bürger« Gleichheit vor dem Gesetz und strikte Rassentrennung gegenüber den zudienenden und arbeitenden AfrikanerInnen. Auf dem Land unterstanden die Bäuerinnen und Bauern neu geschaffenen Organen der indirekten Herrschaft. Die indirekte Herrschaft beruhte auf drei Pfeilern: Die Kolonialherren teilten erstens die ländliche Bevölkerung in »Stämme« ein, auch dort, wo keine bestanden, und fixierten »Stammes«-Grenzen, wo afrikanische Völker eher durchlässige Verfahren der Adoption anderer Volksgruppen oder der Vermischung kannten. Sie ernannten zweitens Chefs über die Völker, auch dort, wo afrikanische Völker keine Chefs kannten, sondern vielfältige Formen deliberativer »Männerdemokratie«, vergleichbar den altschweizerischen Landsgemeinden.

Die Kolonialherren statteten die Chefs mit allumfassenden Vollmachten gegenüber ihren Untertanen aus, obwohl zuvor afrikanische Könige oder politische Führer, wo es sie gab, an *checks* und *balances* gebunden waren. Das Ganze krönten die europäischen Herrscher schließlich mit der Kodifizierung und Erfindung angeblich »traditionellen Rechts«, das die Akteure der indirekten Herrschaft anzuwenden hatten. Mamdani nennt das Herrschaftssystem, das daraus resultierte, »dezentralisierte Despotie«.

Die »dezentralisierten Despoten« hatten unter anderem das Recht, Land zuzuteilen und wegzunehmen, Steuern und Abgaben zu erheben, Zwangsarbeit anzuordnen, Recht zu sprechen und Strafen auszuüben. Sie waren es auch, die die Herrschaft brachial zu sichern hatten. Die einzige Instanz, die ihnen dreinreden konnte, war der »weiße Mann«. Die kleptokratischen und diktatorischen Traditionen, die der afropessimistische Diskurs in Afrikas grauer Vorgeschichte ortet, sind viel später durch die indirekte Herrschaft ins Leben gerufen worden.

Historischer Bruch in Afrika – historische Kontinuität in Asien

In diesem Zusammenhang ist ein Vergleich Afrikas mit Asien erhellend. Die eigenständige Herausformung von Staaten ist in Afrika durch die Kolonialisierung abgeschnitten worden. In Asien hat die

Kolonialisierung die Entwicklung schon vorhandener Staaten kurzzeitig unterbrochen. Die heutigen schwarzafrikanischen Staaten sind alle nicht mehr als hundert Jahren alt – sie sind reine Geschöpfe der europäischen Kolonisation. Im Gegensatz dazu blicken China, Japan, Korea, Taiwan, Vietnam, Thailand und Indien alle auf eine mehrere Hundert oder sogar Tausend Jahre umfassende Geschichte zurück. Japan hat sich der Kolonialisierung ganz entziehen können, China und Thailand zum Teil. Es stimmt nicht, dass es in vorkolonialer Zeit keine Staatsbildung in Afrika gegeben hätte. Kommt hinzu, dass alle, auch sogenannt »staatenlose« Völker, natürlich politische Institutionen hatten, welche das Zusammenleben ermöglichten. Richtig ist hingegen, dass kein einziger afrikanischer Staat auf einem vorkolonialen Staat oder auf vorkolonialen politischen Institutionen aufbaut. Denn diese sind alle zerstört worden.

Das vergiftete politisch-institutionelle Erbe der Kolonialzeit, der moderne Staat, wurde deshalb das schwächste Glied in Afrikas Entwicklung. Es war viel bedeutsamer als etwa die unvorteilhaften wirtschaftlichen Strukturen, welche die Kolonialzeit hinterließ. Es erstaunt nicht, dass politische Leidenschaften, das Ringen um Würde und Gehör im Zusammenleben verschiedener Völker in einem von außen aufgezwungenen Territorialstaat die jungen afrikanischen Staaten beherrschten, und nicht nationale Projekte wirtschaftlicher Entwicklung und stolzer Selbstbehauptung gegen die ehemaligen Kolonialmächte wie in den erfolgreichen Staaten Asiens.

Das politische Erbe der Kolonialzeit zeigt sich in drei Punkten, in denen sich Schwarzafrika von anderen Ländern der ehemaligen Dritten Welt unterscheidet:

1. Der Vielzahl bewaffneter Konflikte, welche wirtschaftliche Entwicklung nicht nur behindern, sondern zerstören.

2. Der Neigung der politischen Machthaber, sich von der eigenen Bevölkerung »unabhängig« zu machen und sich aus Renteneinkommen zu finanzieren, welche der Abbau von Rohstoffen und Erdöl durch ausländische Konzerne ermöglicht.

3. Der größeren Durchlässigkeit der neuen »souveränen« Staaten gegenüber ausländischer Einmischung und »Protektion«, wie sie Frankreich, die USA und auch Großbritannien noch so gerne gewährten. Afrika dürfte deshalb der Kontinent sein, wo die Entwicklungshilfe am ausgeprägtesten für außenpolitische Zwecke instrumentalisiert worden ist.

Ungleiche Ausgangsbedingungen

Der afropessismistische Diskurs liebt es, den »Drang zur Unterentwicklung« Afrikas an den Beispielen von Ghana und Südkorea zu erläutern. Beide Länder sind nach gängigen Statistiken 1957, zum Zeitpunkt der Unabhängigkeit Ghanas, etwa gleich arm gewesen. Ghana galt wegen seiner Bodenschätze (Gold) sogar als reicher. Südkorea habe sich fast ohne Hilfe zu einem reichen Industrieland gewandelt. Ghana sei mit viel Hilfe stecken geblieben. Aber stimmt diese Geschichte? Tabelle 8 gibt Auskunft.

Korea ist ein Nationalstaat mit langer Geschichte. Die koreanische Sprache wird seit Hunderten von Jahren geschrieben, seit mehr als fünfhundert Jahren mit einem eigenen Alphabet. Ghana war im Jahr seiner Unabhängigkeit ein 56 Jahre alter, zusammengeschusterter Territorialstaat mit neun größeren Völkern und Sprachen, von denen keine eine Schrifttradition aufwies. Die politischen Startbedingungen könnten unterschiedlicher also nicht sein. Wenn es im reichen Europa alte Staatsgebilde wie Frankreich oder Spanien oder etwas jüngere Gebilde wie Belgien nicht geschafft haben, Minderheiten- und Sprachkonflikte gütlich zu regeln, kann man an Ghana kaum die Anforderung stellen, dasselbe schon längst erledigt zu haben.

Auch wirtschaftlich waren die Startbedingungen höchst ungleich. Korea gehört zur Minderheit der Entwicklungsländer, welche schon vor dem Zweiten Weltkrieg Industrieerfahrung erworben hatten (siehe S. 25 ff.). Ghana gehört zur Mehrheit der Entwicklungsländer, die zum Zeitpunkt der Unabhängigkeit über keinerlei Industrieerfahrung verfügten. Für die weitere wirtschaftliche Entwicklung von Bedeutung waren zudem die wesentlichen Unterschiede in »moderner« Bildung. In Korea waren 1945 nach offiziellen Schätzungen 22 Prozent der Erwachsenen alphabetisiert, in Ghana 1957 fünf Prozent. Ghana unternahm erst in den Jahren nach der Unabhängigkeit große Anstrengungen, ein Bildungssystem für alle aufzubauen.

Tabelle 8
Ghana und Südkorea: Gleiche Startbedingungen 1957? [132]

Ghana		(Süd-)Korea	
Unabhängig seit 1957		Wieder unabhängig seit 1948	
Staatsbildung seit 1901		Staatsbildung über 2000 Jahre	
Bevölkerung besteht aus 9 größeren Völkern und knapp 70 weiteren kleinen Ethnien		Bevölkerung besteht aus einem Staatsvolk	
Keine industrielle Erfahrung vor 1957		Reiche industrielle Erfahrung seit dem 1. Weltkrieg	
1957: 5 Prozent der Bevölkerung alphabetisiert		1960: prozentual halb so viel MittelschulabgängerInnen wie Deutschland und Großbritannien	
Hilfe 1960–2006:	22,8 Mia. Dollar	Hilfe 1946–1999:	39,4 Mia. Dollar
davon 1960–1980:	4,0 Mia.	davon 1946–1960:	15,2 Mia.
davon 1991–2006:	13,1 Mia	davon 1960–1980:	23,6 Mia.

Angaben zur Entwicklungshilfe für Ghana erhebt die OECD erst seit 1960. Da die anfänglichen Beträge sehr klein sind, fallen die nicht erfassten Jahre 1957–1959 nicht ins Gewicht. In den ersten zwei Jahrzehnten seiner Unabhängigkeit erhielt Ghana wenig Hilfe. Mehr als die Hälfte der Gesamthilfe wurde erst nach 1991 geleistet. Südkorea erhielt von den USA ab 1946 grosszügige Hilfe. Die Zahlen für 1946–1960 enthalten nur die amerikanische Hilfe. Nach 1960 sind alle Geber erfasst. Die Hilfe an Südkorea lief 1999 aus. Sie konzentrierte sich auf die Jahrzehnte nach dem Zweiten Weltkrieg bis 1980. Danach erhielt es nur noch geringe Beträge.

Schließlich steht es auch mit der Entwicklungshilfe anders, als es die Afropessimisten behaupten. Ghana erhielt weniger als sechzig Prozent der Hilfe, die in der gleichen Periode an Südkorea ging. Und: Die Hilfe konzentrierte sich in Südkorea auf die ersten schwierigen Jahrzehnte, während sie in Ghana mit größeren Beträgen erst nach den weltwirtschaftlichen Schocks um 1980 einsetzte, als es abwärtsging (siehe S. 29 f.).

Eine neue Aufteilung Afrikas oder eine neue Chance?

Bis vor Kurzem galt in der Klasse der *global players* Afrika als »Negativstandort«, von der Globalisierung abgehängt, einem düsteren Schicksal überlassen. Wirtschaftlich waren nur Rückschritte zu verzeichnen, und die politischen Nachrichten gaben kaum mehr Zuversicht. Diese Stimmung hat sich, seit China und in geringerem Maße Indien und Brasilien in Afrika als Investoren und Geber von Entwicklungshilfe auftreten, stark verändert. Nun interessieren sich wieder alle für Afrikas Rohstoffe und Erdöl. Die USA beziehen heute mehr Erdöl aus Afrika als aus der Golfregion und beabsichtigen, sich diesen Zustand auf längere Sicht zu sichern. Nicht zuletzt deswegen haben sie 2007 Africom, ein eigenes militärisch-strategisches Afrikakommando der US-Armee, geschaffen und intensivieren überall die Zusammenarbeit mit den lokalen Streitkräften. In Brüssel befürchten die Promotoren einer gemeinsamen EU-Globalpolitik, Europa werde in der »neuen Aufteilung«, im neuen *scramble for Africa* verlieren, wenn es sich weiterhin auf entwicklungsorientierte Hilfe, die Millenniumsziele und das zaghafte Pochen auf Menschenrechte versteife.[133]

Tatsache ist, dass es Schwarzafrika wirtschaftlich seit Langem nicht mehr so gut gegangen ist wie in den letzten Jahren. Von 1981 bis 1994 ging Schwarzafrikas Pro-Kopf-Produkt Jahr für Jahr zwischen 0,5 und 3,8 Prozent zurück. Eine Ausnahme bildeten nur die beiden Jahre 1988 und 1989. Seit 1995 steigt hingegen das Pro-Kopf-Produkt wieder langsam an, mit jährlichen Wachstumsraten zwischen 1 bis über 3 Prozent seit 2004 (siehe Grafik). Das kaufkraftgewichtete Pro-Kopf-Einkommen Afrikas sank zwischen 1980 und dem Tiefpunkt 1994 um mehr als 17 Prozent. Seither wächst es wieder stetig an. Diesem Trend folgten nicht nur erdölreiche Staaten wie Angola (das den Trend weit übertroffen hat), sondern auch rohstoffarme Staaten wie Mali, Tansania oder Senegal.

Grafik
Afrika: Die Entwicklung des Pro-Kopf-Produkts von 1980 bis 2006

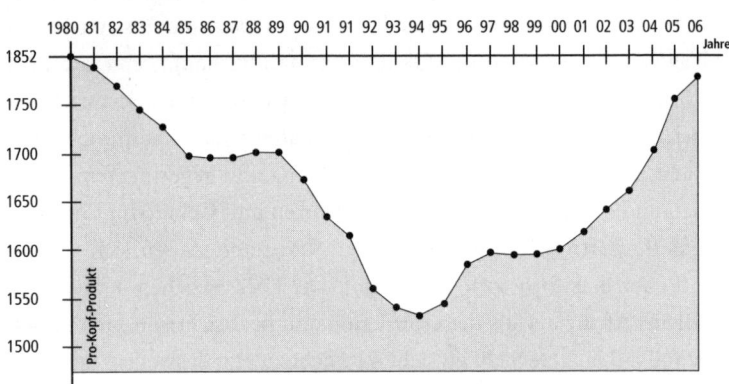

Tabelle 9
Das Ende der »großen afrikanischen Depression«?

	1998	1999	2000	2001	2002	2003	2004	2005	2006
BIP-Wachstum %	2,4	2,6	3,5	3,7	3,4	4,1	5,5	5,7	5,6
BIP/Pro-Kopf-Wachstum	-0,2	0,0	0,9	1,2	1,0	1,7	3,1	3,2	3,2
BIP PPP[134]	1591	1594	1603	1622	1638	1660	1714	1769	1827

Bruttoinlandprodukt (BIP) in laufenden Dollars.
BIP PPP in konstanten Dollarwerten (2000).
Quelle: Weltbank, *World Development Indicators online.*

134

Das sind erfreuliche Zahlen. Faktisch hat Afrika damit aber erst die »große afrikanische Depression« von 1981 bis 1994 überwunden. 2006 erreichte das kaufkraftbereinigte Pro-Kopf-Produkt Schwarzafrikas mit 1827 Dollar wieder knapp dasjenige von 1980 (1852 Dollar). Die wirtschaftliche Erholung ist auf mehrere Faktoren zurückzuführen: Einige lang anhaltende bewaffnete Konflikte sind (vorderhand) beendet. Viele schwarzafrikanische Regierungen bedienen sich nicht mehr aus der Notenpresse oder anderen selbstzerstörerischen Verlockungen des wirtschaftspolitischen Managements – die Voraussetzungen für wirtschaftliches Handeln sind deshalb besser. Drittens steigen die Preise wieder für das, was Afrika international zu bieten hat und worum sich das Gerede vom zweiten *scramble for Africa* dreht. Von den Fünfziger- bis in die Siebzigerjahre stimulierte das starke industrielle Wachstum Westeuropas und Nordamerikas die Nachfrage nach Afrikas Produkten und ermöglichte die wirtschaftlichen Fortschritte mit (siehe Tabelle 2). Heute ist es die steigende Nachfrage des sich rasant industrialisierenden Asien, welche die gleiche Wirkung zeitigt.

Es ist deshalb möglich, dass Afrika eine zweite wirtschaftliche Chance erhält. Natürlich versuchen externe Mächte dabei mitzumischen. Daraus folgt nicht zwangsläufig, dass die afrikanischen Staaten Opfer eines neuen *scramble for Africa* sein müssen. Es gibt kein gemeinsames Vorgehen, keine gemeinsame Vision zwischen China, Indien, der EU, den USA und anderen »Wettbewerbern« um die Rohstoffe Afrikas, ganz im Unterschied zum ersten *scramble for Africa,* den die europäischen Mächte Ende des 19. Jahrhunderts vereinbart hatten.[135]

Kommen wir auf den Ausgangspunkt zurück. Die Afropessimisten schlagen zwei Dinge vor: Afrika sich selber zu überlassen oder zu rekolonisieren. Der zweite Vorschlag ist vermessen. Die erste Kolonisation hat die heutigen gravierenden Probleme Afrikas wesentlich mitverursacht. Es ist nicht ersichtlich, wieso die zweite Kolonisierung erfolgreicher sein soll. Gegenwärtig übt die westliche Staatengemeinschaft das »moderne Protektorat« in Afghanistan und im Irak. Die Resultate sind bislang wenig überzeugend bis katastrophal und die Widerstände enorm. Afrika solches zu ersparen, wäre ein wertvoller Beitrag zu seinem Gedeihen.

Der erste Vorschlag, Afrika sich selber zu überlassen, ist nicht ernst gemeint. Niemand denkt daran, Afrika sich selber zu überlassen. Jede Wirtschaftsmacht von einiger Bedeutung will sich am zweiten *scramble for Africa* beteiligen. Würde die Entwicklungshilfe abgeschafft, würden die großen *player* nur die Hilfe streichen, die entwicklungswirksam ist. Zur Erlangung von Erdölkonzessionen, wirtschaftlichen Vorteilen und politisch-militärischer Kooperation würden hingegen weiterhin die notwendigen Schmiermittel fließen.

>*Die großen Institutionen des Staates, denen die Unabhängig-*
keit eine mehr oder weniger große Legitimation verliehen
hatte, sind tiefgehend diskreditiert und die Mehrheit ihrer
Vertreter wird verachtet.

Um so mehr verachtet, als sie mit einem Westen verbunden
sind, der von einem großen Teil der öffentlichen Meinung
als Beschützer und Profiteur der finanziellen, kulturellen und
moralischen Korruption wahrgenommen wird, in der die
Mehrheit der Länder des Südens versinkt.«

MAHMOUD HUSSEIN, 1993[136]

10. Wohin? Aktuelle Debatten über Entwicklungszusammenarbeit

Das Ende des Kalten Kriegs lockerte das geostrategische Korsett der großen Geberländer. Die Frage, welche Entwicklungszusammenarbeit tatsächlich den armen Ländern nützt, rückte mehr ins Zentrum der Debatte. Alte Annahmen und Praktiken wurden hinterfragt und neue Pisten erprobt. Im Wesentlichen drehen sich die Auseinandersetzungen seither um vier Fragen:

1. um den Staat der Entwicklungsländer,
2. um die Frage, welchen Ländern geholfen werden soll,
3. um die Bereiche, auf die sich die Hilfe konzentrieren soll,
4. um die Frage, wie die Praxis der Entwicklungszusammenarbeit verbessert werden könnte.

Zwei große Uno-Konferenzen markierten diese Debatten. Der Millenniumsgipfel der Uno (2000) gab mit den Millenniums-Entwicklungszielen vor, auf welche Bereiche sich die Hilfe konzentrieren soll (siehe S. 45 ff.). Die Uno-Konferenz zur Entwicklungsfinanzierung in Monterrey (2002) versuchte festzulegen, welche Verpflichtungen sich daraus für Entwicklungs- und Industrieländer ergeben.

Parallel dazu befassten sich die Geber und interessierte Entwicklungsländer mit der Frage, wie die Wirksamkeit der Hilfe erhöht werden könnte und was an den bisherigen Praktiken geändert werden müsste. Die Resultate der Diskussion fanden 2005 Eingang in die »Erklärung von Paris über die Wirksamkeit der Entwicklungszusammenarbeit«, kurz »Paris Deklaration« genannt. Sie wird heute formell von 114 Staaten, darunter allen Geberländern, und internationalen Organisationen getragen.

Schwache Staaten weiter schwächen?

Die frühe Entwicklungshilfe investierte in das physische Kapital und die Infrastruktur der armen Länder, um die Voraussetzungen für die wirtschaftliche Entwicklung zu verbessern. Die Regierungen der Empfängerländer verfolgten unter verschiedenen politischen Vorzeichen und mit unterschiedlichem Geschick Strategien der Modernisierung (Ausbau von Bildungssystemen usw.) und Industrialisierung, in denen die Projekte der Entwicklungshilfe ihren Platz hatten. Überall nahm der Staat eine aktive und initiative wirtschaftliche Rolle ein, sei es in »kapitalistischen« Drittweltländern wie Taiwan oder Korea, in blockfreien wie Indien oder »radikalen« à la Tansania.

Die staatliche Entwicklungshilfe bezog sich seinerzeit oft auf die erfolgreiche Wiederaufbauhilfe für das kriegszerstörte Westeuropa, den Marshallplan. Das Vorbild war allerdings irreführend. Im Falle Westeuropas wurde Hilfe an Länder geleistet, die in Hinblick auf ihre industrielle und staatliche Leistungsfähigkeit neben den USA zur Weltspitze zählten. Die Entwicklungshilfe richtete sich hingegen an Länder, die mehrheitlich keine Industrieerfahrung hatten, sondern als untergeordnete Lieferanten von Rohstoffen und Agrarprodukten in den Weltmarkt integriert waren. Es handelte sich vielfach um neue, durch die Kolonialmächte am Reißbrett konstruierte Staaten. Ihre Funktionseliten waren im Verhältnis zu den Aufgaben und Plänen erschreckend klein und schwach, der Lernbedarf groß, die Hand-

lungsfähigkeit der staatlichen Institutionen begrenzt und die Legitimation der neuen Regierungen nicht über alle Zweifel erhaben. Die
herrschenden Klassen dieser Länder bestanden nicht aus Unterneh-
mern und Kapitalbesitzern, welche die Weltmärkte bewirtschafteten,
sondern aus wechselnden Kombinationen von Großgrundbesitzern,
Händlern, führenden Familien aus vorkolonialer Zeit, dem Offizier-
korps, ehemaligen Funktionären des Systems der indirekten Herrschaft der Kolonialmächte und im besten Fall aus neuen politischen
Eliten, welche sich im Unabhängigkeitskampf eine gewisse Legitimation bei breiteren Bevölkerungsschichten erworben hatten.

Die strukturelle Anpassung, der sich in den Achtzigerjahren eine
Reihe hoch verschuldeter Länder in Lateinamerika und Afrika unter-
ziehen musste, tendierte dazu, die ohnehin begrenzt leistungsfähigen
Staaten zu schwächen (siehe S. 96 ff.). Der Richtungswechsel in der
Entwicklungszusammenarbeit entsprach der neuen ökonomischen
Dogmatik der Geberinstitutionen. Wenn sich der Staat aus dem Wirt-
schaftsgeschehen zurückzieht und dem Markt die Preisbildung über-
lässt, entfesselt das die »Marktkräfte« und ruft jene Unternehmer-
klasse ins Leben, an der es gemangelt hatte. Der entsprechende
Katalog wirtschaftspolitischer Forderungen der Geber wurde als
»Washington Konsensus« bekannt.

Die staatliche Entwicklungszusammenarbeit umfasste in der
neuen Ära verschiedenste Tätigkeiten. Finanzhilfen aller Art, meist
rückzahlbare Kredite, finanzierten einen Teil der Kosten der Anpassung, zum Beispiel den Devisenbedarf für die notwendigen Importe.
Experten der Geber begleiteten und förderten in der sogenannt »technischen Zusammenarbeit« die Liberalisierung des Handels- und Kapitalverkehrs oder berieten die Behörden bei der Privatisierung staatlicher Unternehmen. Sofern die Geber weiterhin in ländliche
Entwicklung oder das Bildungs- und Gesundheitswesen investierten,
bevorzugten sie es, ihre Programme durch eigene Projektorganisatio-
nen zu realisieren, statt über die dafür zuständigen staatlichen Institutionen zu arbeiten. Als Mitte der Achtzigerjahre die Geber für ihre

Unterstützung korrupter, aber politisch befreundeter Regime kritisiert wurden, ließen sie vermehrt Programme über nördliche und lokale Nichtregierungsorganisationen umsetzen.

In der zweiten Hälfte der Neunzigerjahre mussten auch die Promotoren der strukturellen Anpassung eingestehen, dass die Kombination von schwachem Staat und starker Liberalisierung kein Wirtschaftswachstum zustande gebracht, geschweige denn die Armut reduziert hatte (siehe S. 100ff.). In der Weltbank trieb deshalb der neue Chefökonom Joseph Stiglitz, der nicht dem marktfundamentalistischen Mainstream angehörte, eine sanfte Renovation des »Washington Konsensus« voran. Wenige Monate nach seinem Amtsantritt kritisierte er, es reiche nicht, dass der Staat die Inflation tief halte und die wirtschaftliche Entwicklung den »Marktkräften« überlasse. Vielmehr müsse der Staat durch klare Regelsetzungen Märkte überhaupt erst ermöglichen und ihr Funktionieren garantieren.[137] Nun begann sich das Interesse der Geber wieder vermehrt dem Staat und seinen Institutionen zuzuwenden. Wirtschaftliche Liberalisierung und die Stärkung staatlicher Institutionen wurden zum neuen »Post Washington Konsensus« kombiniert.[138]

Die Hilfe »kauft keine Reform«

Mit den Programmen der strukturellen Anpassung waren wirtschaftspolitische Auflagen der Geber an das Empfängerland verbunden, die sogenannten Konditionalitäten. Die Fortsetzung der Hilfe wurde von der Erfüllung der Konditionalitäten abhängig gemacht und war oft auch mit neuen Auflagen verbunden. Als die Weltbank und die Geber den Staat wiederentdeckten, begannen sie daran zu zweifeln, ob die Konditionalitäten das richtige Instrument seien, um die Empfängerregierungen zum gewünschten Handeln zu bewegen.

Verschiedene ökonomische Untersuchungen versuchten die dürftigen wirtschaftlichen Erfolge der »strukturell Angepassten« darauf zurückzuführen, dass sie die Konditionalitäten nicht oder nicht konsequent genug erfüllten. Diese Untersuchungen vermittelten den falschen Eindruck, die strukturelle Anpassung habe gar nicht stattgefunden – auch William Easterly operiert in seinen Kampfschriften gegen die Entwicklungshilfe damit. Dabei hatte die strukturelle Anpassung durchaus Auswirkungen gezeitigt: Zuvor staatlich geförderte Industriezweige wurden fallen gelassen und gingen bankrott; staatliche Unternehmen wurden zuhauf privatisiert, die Zölle gesenkt, der Kapitalverkehr freigegeben, der Staat abgeschlankt; Millionen von Staatsangestellten wurden entlassen und soziale Leistungen gekürzt, und zwar auch dort, wo wenig »reformfreudige« Regierungen am Werk waren. Richtig ist, dass aus dieser Rosskur kein liberaler »Leistungsstaat« hervorging, keine Unternehmerklasse aufblühte, dass aber staatliche Institutionen schwächer wurden, Korruption und Klüngelwirtschaft weiterexistierten und vielerorts massive soziale Konflikte ausbrachen.

Weltbankökonomen und Geberkreise kamen zum Schluss, dass die Konditionalitäten nicht wie erhofft funktionierten beziehungsweise dass die Hilfe, um es mit Easterly zu sagen, keine »Reform kaufen« könne.[139] Nun gestanden sie sich das Selbstverständliche ein, nämlich dass Reformen von innenpolitischen Faktoren und Kräfteverhältnissen abhängen und nicht von außen diktiert werden können. Geschieht dies, empfinden die Empfängerregierungen die Reformen nicht als ihr Eigenes. Im Fachjargon nennt man das mangelnde *ownership*. Die *ownership* ist seither einer der zentralen Diskussionspunkte der staatlichen Entwicklungszusammenarbeit: Wie erlangen die Empfänger von Entwicklungshilfe *ownership* an den Reformen, welche die Hilfe bewirken soll oder die ihr effizienter Einsatz verlangt? Denn tatsächlich handelt es sich ja nicht nur um das Problem, dass die Geber eigene, in Realität oft falsche Vorstellungen und Konzepte durchsetzen wollten. Nach zwanzig Jahren struktureller Anpassung und wirtschaftlicher Stagnation waren viele der hilfeabhängigen Staaten noch weniger handlungsfähig als zuvor. Um Reformen, die ihre Handlungsfähigkeit stärken, kommen sie deshalb nicht herum.

Einen ersten Versuch, die *ownership* zu stärken, starteten die Weltbank und der IWF Ende der Neunzigerjahre. Nach langem Drängen von zivilgesellschaftlichen Bewegungen im Rahmen der internationalen »Jubilee 2000«-Kampagne erklärten sie sich 1998/99 bereit, die Schulden, die die ärmsten Länder bei den beiden Institutionen hatten, teilweise zu erlassen. Früher hätten die Geber den Schuldenerlass an den üblichen Katalog von Konditionalitäten gebunden. Nun stellten sie zwei neue Bedingungen: Um sich für den Erlass zu qualifizieren, mussten die Empfängerländer Strategien zur Reduktion der Armut (*poverty reduction strategies*) erarbeiten und darlegen, wie sie die (frei gewordenen) staatlichen Mittel für die Armutsbekämpfung verwenden wollten. Und zweitens verlangten Weltbank und IWF, die Bevölkerung an der Erarbeitung dieser Strategien teilhaben zu lassen (*participation*).

Fast alle ärmeren Entwicklungsländer haben in der Folge solche Strategien zur Armutsreduktion erarbeitet. Sie wurden zum formellen Rahmen, den heute nicht nur die multilateralen Institutionen für die Entschuldungsaktionen verlangen, sondern auch die staatlichen Entwicklungsagenturen für ihre Hilfeleistung. Der neue Verfahrensweg hat ein großes Potenzial: Theoretisch macht er die früheren Konditionalitäten der Geber überflüssig. Statt die Reformen vorzuschreiben, erarbeiten nun die Empfängerländer ihre eigenen Strategien – sie haben also volle *ownership* daran. Die Strategien drücken zudem, immer theoretisch gesehen, die dringendsten Bedürfnisse der Armen aus, weil diese an der Erarbeitung beteiligt sind. Daraus resultiert theoretisch auch eine überlegene Form der Kontrolle über die Regierungen der Empfängerländer: Sie wird nicht mehr durch die Geber, sondern durch die betroffenen BürgerInnen selber ausgeübt.

Die Praxis hinkt dem Potenzial des neuen Verfahrens weit hinterher. Jede Armutsreduktionsstrategie enthält, dies eine Anforderung der Geber, einen makroökonomischen Teil, der die wirtschaftspolitischen Leitplanken formuliert. Dieser Teil orientiert sich weiterhin am »Washington Konsensus«. Es gibt Empfängerregierungen, die diesen Teil durch Konsulenten entwerfen lassen, die den Gebern nahestehen, um Probleme zu vermeiden. Von gesteigerter *ownership* für den wirtschaftspolitischen Teil kann also keine Rede sein.[140] Der makroökonomische Teil wird in der Regel auch nicht der partizipativen Konsultation unterbreitet – er bleibt dem »Dialog« zwischen Geber- und Empfängerregierungen vorbehalten.

Die Partizipation der Bevölkerung an der Erarbeitung der Strategien hinkt dem Anspruch ebenfalls hinterher. Die Einwirkungsmöglichkeiten von politischen und sozialen Kräften außerhalb der Regierung sind ohnehin von Land zu Land sehr unterschiedlich und bleiben in der Regel gering. Vielfach haben zudem nur städtische Gruppen die Möglichkeit, sich zu den Strategien zu äußern. Aber: Die Partizipation ist ein Versprechen, das Wirkung entfaltet hat. Seit sie formell verlangt wird, bemühen sich mehr und mehr zivilgesellschaftliche Kräfte der Entwicklungsländer, auf die Gestaltung der Armutsreduktionsstrategien oder auch auf die Pläne ihrer Regierung, die Millenniumsziele zu erreichen, Einfluss zu nehmen. Sie verlangen dabei, auch den makroökonomischen Teil und damit die wirtschaftspolitischen Begehren der Geber einer öffentlichen Diskussion zu unterwerfen.

Welchen Ländern soll überhaupt geholfen werden?

Ein zweiter Versuch, das Problem der mangelnden *ownership* anzupacken, kam nur wenig über das Diskussionsstadium hinaus. Als Konsequenz aus dem *Assessing Aid*-Bericht der Weltbank (siehe S. 113 ff.) kam die Forderung auf, vermehrt jenen Ländern zu helfen, die schon »gute Politik« im Sinne der Geber betrieben, also dem »Washington Konsensus« folgen. Die mangelnde Hebelwirkung der Konditionalitäten der Hilfe könnte damit elegant umgangen werden: Hilfe würde nicht mehr eingesetzt, um »gute Politik« zu erzwingen, sondern sie würde diejenigen Länder belohnen, die schon »gute Politik« verfolgen. Der Vorschlag wurde unter dem Titel »Selektivität der

Hilfe« (*aid selectivity*) breit diskutiert. Viele staatliche Entwicklungs-agenturen haben zu Beginn des Jahrtausends die Selektivität als Grundsatz übernommen. Die Schweiz beteiligte sich nicht an der neuen Mode, weil sie auf langfristige Hilfebeziehungen setzte.[141]

Am weitesten gingen die USA. Präsident Bush verkündete an der internationalen Konferenz zur Entwicklungsfinanzierung 2002 in Monterrey, die USA würden künftig »Nationen belohnen, die offene-re Märkte und ein nachhaltiges Budgetgebaren haben, Nationen, in denen Leute ein kleines Business ohne bürokratisches Spießrutenlau-fen und Schmiergeld beginnen und führen können«.[142] Bush ver-sprach, zusätzlich zur laufenden amerikanischen Hilfe bis 2006 zehn Milliarden Dollar und danach jedes Jahr weitere fünf Milliarden zur »Belohnung« solcher Nationen aufzubringen. Die USA gründeten dazu neben ihrer staatlichen Entwicklungsagentur, der USAid, eine eigene Institution, den Millennium Challenge Account (MCA). Der MCA benotet jedes Jahr die Entwicklungsländer nach einem Katalog von Kriterien »guter Politik« und legt dem Kongress eine Liste der wählbaren Länder vor. Die neue Institution kam nur langsam in Gang und hat ihre Finanzversprechen bislang nicht gehalten. 2007 hatten sechzehn Länder einen Vertrag, aber erst neun dieser Verträge waren in Kraft. Das Verpflichtungsvolumen für alle sechzehn betrug Anfang 2008 fünf statt der zehn Milliarden Dollar, die in Monterrey schon für 2006 versprochen worden waren.[143]

»Gute Politik« – nicht immer gut und überdies schlecht messbar

Aber was ist »gute Politik«? In der Vorstudie zu *Assessing Aid* wurden als Indikatoren zum Beispiel eine tiefe Inflationsrate, positive Staatshaushaltsabschlüsse und die Außenhandelsöffnung verwendet. Diese äußerst enge Auffassung von »guter Politik« ist kaum das, was sich die breite Öffentlichkeit darunter vorstellt und was eine Neuver-teilung der Hilfe plausibel machen würde. Und sie trägt nicht zwingend zur wirtschaftlichen Entwicklung bei. Auch eine stagnierende Volkswirtschaft, in der sich Armut ausbreitet und vertieft, kann tiefe Inflationsraten, positive Staatshaushaltsabschlüsse und freien Außenhandel vorweisen. Abgesehen davon, ist eine solche Wirtschaftspolitik »regimeneutral«. Sie kann ohne weiteres durch eine üble Diktatur oder durch eine politische Führung betrieben werden, die sich persönlich schamlos bereichert.

In der Folge griff man für die Bestimmung der Qualität der Politik eines Entwicklungslandes auf ein Verfahren zurück, das weitere wirtschaftliche Variablen enthält und auch die Handlungsfähigkeit des Staates und seiner Institutionen berücksichtigt: Bei der Vergabe von zinslosen Krediten an die ärmsten Entwicklungsländer stützt sich die Weltbank beziehungsweise ihr dafür zuständiger Arm, die International Development Association (IDA), auf die sogenannte »politische und institutionelle Ländereinschätzung«, kurz CPIA (Country Policy and Institutional Assessment). Weltbank-Funktionäre beurteilen jährlich die politische »Bonität« der IDA-Länder. Sie vergeben dazu sechzehn Politikbereichen eine Note zwischen 1 (sehr schwach) bis 6 (sehr stark) und ermitteln daraus die Gesamtnote (Tabelle 10). Beurteilt werden das volkswirtschaftliche Management (darunter die Geldpolitik), die regulatorischen Rahmenbedingungen (etwa die Außenhandelsöffnung), die öffentliche Verwaltung (darunter die Staatshaushaltsführung) und die Sozial- und Umweltpolitik (zum Beispiel die Gleichstellung der Geschlechter).

Der CPIA spiegelt den Post-Washington-Konsensus und wurde als Geste an interne und externe KritikerInnen mit ein paar sozialpolitischen Punkten ergänzt. Von Anfang an wurde kritisiert, die Bewertungen seien stark von subjektiven Faktoren und Meinungen abhängig und nicht wirklich überprüfbar. Die Evaluationsabteilung der Weltbank äußerte speziell Zweifel an der Fähigkeit des Bankpersonals, die öffentliche Verwaltung der Länder benoten zu können.[144] Seit 2006 herrscht wenigstens mehr Transparenz und publiziert die Weltbank die jährlich produzierten Rankings der einzelnen Länder.

Tabelle 10

Der CPIA: Für welche Politikbereiche die Weltbank Noten vergibt[145]

A. Wirtschaftliches Management	B. Strukturpolitik
1. Makroökonomisches Management 2. Fiskalpolitik 3. Schuldenbewirtschaftung	4. Handel 5. Finanzsektor 6. Regulierungen des Privatsektors
C. Sozialer Einbezug / Gerechtigkeit	D. Öffentliche Verwaltung und Institutionen
7. Geschlechtergleichheit 8. Gerechter Zugang zu öffentlichen Ressourcen 9. Stärkung menschlicher Ressourcen 10. Sozialer und Arbeitsschutz 11. Maßnahmen und Institutionen für ökologische Nachhaltigkeit	12. Eigentumsrechte und Rechtsstaatlichkeit 13. Qualität der Staatshaushalt- und Finanzführung 14. Effizienz der Ressourcenmobilisierung 15. Qualität der öffentlichen Verwaltung 16. Transparenz, Rechenschaftslegung, Korruption im öffentlichen Sektor

Eine zusätzliche Schwäche des CPIA besteht darin, dass sich nur die Extreme – die »schlimmste« und die »beste« Politik – deutlich voneinander unterscheiden. Ein Land mit einer üblen Regierung, galoppierender Inflation und Rückkehr zur Tauschwirtschaft lässt sich leicht von einem Musterschüler unterscheiden. Die allermeisten Entwicklungsländer liegen jedoch zwischen diesen Extremen. Beim CPIA von 2006 gehören nur zehn Länder zu den Besten (mit gedämpften Noten zwischen 4 und 5). Nur ein Land (Zimbabwe) gehört zu den »Schlimmsten« (mit einem CPIA von 0,71). Siebzehn gehören zur zweitschlechtesten Gruppe mit Noten zwischen 1 und 2. Darunter befinden sich Afghanistan, Kongo-Kinshasa, Haiti oder Osttimor, die man aus guten Gründen kaum von der Hilfe abschneiden möchte. Die meisten Länder, 49 an der Zahl, bewegen sich jedoch im Bereich der »schwachen« Noten zwischen 2 und 4.[146]

Ob »gute Politik« neben dem Ausmaß der Armut das zweite ausschlaggebende Kriterium für die Zuteilung von Hilfe sein soll, blieb deshalb stark umstritten. Die KritikerInnen plädierten dafür, andere Faktoren zu berücksichtigen. Sie verwiesen auf die besondere Verwundbarkeit armer Länder durch Ereignisse, die sie nicht beeinflussen können, wie zum Beispiel die Preisschwankungen bei Rohwaren (Kaffee usw.), von deren Exporten viele abhängen. Oder auf die hohen wirtschaftlichen Kosten politischer Instabilität. Sie zeigten, dass die Hilfe für verwundbare Länder die negative Wirkung solcher Faktoren auffangen kann.[147]

Andere Autoren finden es stoßend, dass die potenziell Begünstigten, also die Armen, für die Performance ihrer Regierungen mitverantwortlich gemacht werden. Die Hilfe auf Länder mit »guter Politik« zu konzentrieren, würde diejenigen bevorzugen, denen es ohnehin besser geht, und damit die globalen Ungleichheiten verstärken. Sie fordern stattdessen, Gerechtigkeitsüberlegungen mehr Gewicht zu geben. Es müsse möglich sein, die Hilfe so zu verteilen, dass sich die Chancen der Armen, aus der Armut auszubrechen, vergrößerten, unabhängig von den Eigenheiten und strukturellen Handicaps der Länder, in denen sie leben.[148] Mit andern Worten: Die eigentliche Herausforderung der staatlichen Entwicklungshilfe sei es, den Ländern mit schlechter Regierungs-Performance helfen zu können. Dort würden sich die Probleme anhäufen, welche die Hilfe zu lindern beanspruche.

Aid selectivity und Armutsreduktionsstrategien im Vergleich

Die Pläne zur Neuverteilung der Hilfe wollten das Problem umgehen, dass Hilfe »keine Reform kaufen« kann. Statt mit Hilfe die Erfüllung von Konditionalitäten zu erzwingen, sollen jene Länder Hilfe erhalten, welche diese schon erfüllt haben. KritikerInnen sahen darin nur eine Verschiebung des Problems: Früher hätten die Regierungen die Konditionalitäten erfüllen müssen, nachdem sie erste Hilfe erhalten hatten. Jetzt gälten die gleichen Konditionalitäten, einfach rückwirkend: Regierungen, die Hilfe erhalten wollten, müssten zuvor die »Reformen« durchführen, welche die Geber wollen. Wirkliche *ownership* sei aber in beiden Fällen nicht gegeben.

Die Ideen zur Neuverteilung der Hilfe und das Verfahren, das mit den Armutsreduktionsstrategien (PRS) angestoßen worden ist, stehen im Widerspruch zueinander. Während das PRS-Verfahren theoretisch nur eine Bedingung stellt, nämlich die Partizipation der Bevölkerung, bleiben bei der Neuverteilung der Hilfe die umfangreichen Konditionalitäten des »Post Washington Konsensus« erhalten. Während bei der PRS-Initiative die konkreten Bedürfnisse der Armutsbekämpfung als Maßstab für die Entschuldung, aber auch für die Hilfeleistungen dienen, ist es bei der Neuverteilung der Hilfe die »gute Politik«, die im besten Fall indirekt über das Wachstum auch die Armut reduziert. Eurodad, das NGO-Netzwerk zu Schuldenfragen, wies verschiedentlich auf diesen Widerspruch hin. Es protestierte, dass bei einer solchen Neuzuteilung der Hilfe die Geber nicht nur ihre PRS-Initiative konkurrenzieren, sondern auch weit hinter ihre Partizipationsforderungen zurückfallen würden.

Eurodad verlangte deshalb zum einen, die Gewährung von Hilfe nicht von wirtschaftspolitischen Auflagen, sondern von den Bedürfnissen der Armutsbekämpfung abhängig zu machen, und zum anderen, die Hilfe entsprechend dem Grad an tatsächlicher *ownership* und lokaler Verpflichtung zur Armutsreduktion auszurichten. Dabei gelte grundsätzlich, dass Ausgaben für die Armen eine hinreichende »Bedingung« für die Hilfe seien.[149] Dieser Haltung ist nichts beizufügen.

Viele Geberinstitutionen betonen heute, dass die Armutsreduktionsstrategien und die Millenniumsziele den Rahmen für ihre Hilfeleistungen definierten. Die Empfängerregierungen sind theoretisch frei, Strategien zu verfolgen, die ihren Möglichkeiten und den Wünschen ihrer Bevölkerung entsprechen. Politische und praktische Probleme, bei denen die Entwicklungszusammenarbeit behilflich sein könnte, gibt es genug. Die Frage der wirtschaftspolitischen Konditionalitäten bleibt jedoch ungelöst. Die meisten privaten Entwicklungsorganisationen verlangen heute, sie ersatzlos zu streichen und nur noch »treuhänderische« Bedingungen an die korrekte Verwendung der Gelder und Hilfeleistungen zu stellen. Es gibt einzelne Geber wie etwa Großbritannien, welche gegenüber den Konditionalitäten kritischer geworden sind. Ein Geberland, Norwegen, kündete 2007 sogar an, es werde sich nur dann an der Neufinanzierung der IDA beteiligen, wenn die Weltbank die Konditionalitäten drastisch reduziere. Als nichts dergleichen geschah, hat Norwegen seinen Anteil an der Refinanzierung der IDA gekürzt und die frei werdenden Mittel Uno-Organisationen, die im Entwicklungsbereich tätig sind, zugewiesen. Der Schweiz würde es gut anstehen, dem norwegischen Beispiel zu folgen.

Was die Neuverteilung der Hilfe an die »Klassenbesten« anbelangt, ist sie trotz anfänglicher politischer Begeisterung nicht richtig in Gang gekommen. Das hat im Wesentlichen drei Gründe:

1. Die These, Hilfe sei nur wirksam, wenn sie an Länder mit »guter Politik« vergeben werde, wurde durch die ÖkonomInnen als nicht beweisbar zurückgewiesen (siehe S. 119).

2. Die Neuverteilung der Hilfe an Länder mit »guter Politik« drohte diejenigen Menschen ihrem Schicksal zu überlassen, die Hilfe am nötigsten hatten, was die zivilgesellschaftlichen Organisationen und einige Geberländer als stoßend betrachteten.

3. Die Terroranschläge vom 11. September 2001.

Die Geber entdecken die fragilen Staaten

Die Terroranschläge vom 11. September 2001 setzten der »Hilfemüdigkeit«, der *aid fatigue*, welche die Jahre nach dem Kalten Krieg charakterisiert hatte, ein vorläufiges Ende. Und sie rückten die »schwierigen« Entwicklungsländer ins Zentrum des Interesses. Die OECD hält im Rückblick auf 2001 fest: »Eine Lektion, welche die Afghanistan-Krise deutlich macht, ist, dass es sich die Regierungen der OECD-Mitgliedsländer nicht leisten können, auch die ›allerschwierigsten Partnerschaften‹ zu ignorieren, da Staaten, die isoliert und ausgeschlossen werden, eher Terrorismus unterstützen.«[150]

Das neue Interesse an den schwierigen Ländern betraf zwei verschiedene Gruppen: die Gruppe »scheiternder« oder »gescheiterter« Staaten, die nach den Vorstellungen der USA und der europäischen Regierungen Gefahr liefen, islamistischen Terrorgruppen als Basis- und Rückzugsgebiet zu dienen. Und die Gruppe der schwierigen Partnerländer, deren Regierungen eine schlechte Performance aufweisen. Also diejenigen, die im Geiste der *aid selectivity* von der Hilfe abgehängt worden wären. In ihrem Fall sah man nun die Gefahr, dass sie sich zu scheiternden Staaten entwickeln könnten. Waren einzelne Geber vorher versucht gewesen, sich auf die »Musterschüler« zu konzentrieren – in der Hoffnung, der Rest nehme sich ein Beispiel und strenge sich an, zu den »Musterschülern« aufzuschließen –, sah man nun die Notwendigkeit, diesen Ländern sehr viel mehr Aufmerksamkeit zu schenken. Schon im November 2001 setzte die Weltbank eine Task Force ein. 2002 lancierte sie die Initiative »Länder tiefen Einkommens unter Stress« (Low Income Countries under Stress, LICUS) und betraute eine Spezialeinheit damit. Im gleichen Jahr begann sie zusammen mit dem Entwicklungsprogramm der Vereinten Nationen (UNDP), die Vorgehensweisen in LICUS-Staaten pilotartig zu testen.[151]

Der Entwicklungsausschuss der OECD (DAC) nahm gleichzeitig zur Weltbank im Dezember 2001 die Diskussion über die »grundlegenden Vorgehensweisen zur Förderung von Entwicklung in schwierigen Partnerschaften« auf.[152] Seit 2003 ist die Zusammenarbeit in der gemeinsamen Fragile States Group institutionalisiert, an welcher der DAC und seine Mitglieder, die Weltbank, der IWF und die Uno beteiligt sind. Kursierten anfänglich die verschiedensten Begriffe für die schwierigen Länder, werden sie heute meist als »fragile Staaten« bezeichnet.

Der DAC definierte jene Regierungen als schwierige Partner, die kein Interesse an der Partnerschaft und einer Verpflichtung auf Armutsbekämpfung zeigten. Ihre Institutionen besäßen zudem nur schwache Fähigkeiten, Politik umzusetzen. In schwierigen Partnerschaften »fehlen Schlüsselelemente von *ownership* und Verbindlichkeit«. Der DAC unterscheidet schwierige Partnerschaften von Fällen, wo sich die Partnerregierung »alle Mühe gibt, aber die Performance im Sinne von Resultaten schwach ist«.[153]

Die Weltbank versteht unter fragilen Staaten Länder, die so arm sind, dass sie theoretisch IDA-Kredite erhalten dürften, und die »schwache Politik« betreiben und schwache Institutionen haben. »Die Hilfe [an solche Länder] erbringt schlechte Resultate, weil den Regierungen die Fähigkeit oder die Neigung fehlt, Finanzen wirklich für die Armutsbekämpfung zu nutzen.«[154] Folgerichtig zieht sie zur Definition der fragilen Staaten neben dem tiefen Einkommen den CPIA bei. Als »schwere« Fälle gelten Länder, die im Bereich der öffentlichen Verwaltung und in der CPIA-Gesamtnote unter 2,5 liegen. Die sogenannte Kerngruppe der fragilen Staaten hat CPIA-Noten zwischen 2,6 und 3,0.

Daneben »beobachtet« die Weltbank eine Reihe von Ländern, die am »Rande der Fragilität« stehen. Die Liste der fragilen Staaten (Tabelle 11) zeigt die Grenzen des gewählten Definitionsverfahrens. Bei einer politischeren Definition würden ungelöste Machtteilungsfragen und das Vorhandensein zentrifugaler, allenfalls extern unterstützter Kräfte sowie ein Mangel an Willen der Herrschenden zur sozialökonomischen und sozialpolitischen Integration bedeutender Teile der Bevölkerung im Vordergrund stehen. Mit einer solchen Definition würde noch eine Reihe weiterer afrikanischer Staaten als fragil gelten. Bezüglich Instabilität gibt es beispielsweise keine grundlegenden Unterschiede zwischen dem fragilen Staat Eritrea und dem nicht fragilen Äthiopien. Oder nehmen wir das fragile Laos: Ist es von seinen Chancen und seiner Geschichte her nicht eher mit dem (nicht fragilen) Vietnam oder Thailand zu vergleichen und könnten nicht viele afrikanische Staaten Laos um seine relative soziale sowie kulturelle Kohäsion und um die Handlungsfähigkeit seiner Regierung beneiden? Aber auch die Einschrankung auf die Länder tiefen Einkommens verzerrt das Bild – deshalb fehlen auf der Weltbankliste ziemlich fragile Staaten wie Pakistan, der Libanon, Saudiarabien, Bolivien oder die zentralamerikanischen »Waisen des Kalten Kriegs«: Nicaragua, Salvador und Guatemala.

Tabelle 11

Die fragilen Staaten nach Weltbankdefinition, 2006

Unter Beobachtung	Kerngruppe fragiler Staaten			»Schwere Fälle«
Dschibuti	Angola	Kongo Brazzaville	Sudan	Afghanistan
Gambia	Burundi	Kongo Kinshasa	Togo	Komoren
Papua-Neuguinea	Elfenbeinküste	Kosovo	Vanuatu	Liberia
Sao Tomé und Principe	Eritrea	Laos		Myanmar
Sierra Leone	Guinea	Nigeria		Somalia
Tadschikistan	Guinea-Bissau	Osttimor		Zentralafrik. Repub.
Tschad	Haiti	Palästina		Zimbabwe
Usbekistan	Kambodscha	Solomonen		

www.worldbank.org/ieg/licus/licus06_map.html und Appendix B auf dieser Seite.

Das UNDP wählt einen anderen Zugang. Es fragt, welche Länder bei den gegebenen Trends die Millenniumsziele nicht erfüllen können und deshalb für die Entwicklungszusammenarbeit Priorität haben müssten. Sein *Human Development Report 2003* nennt 59 Länder mit höchster Priorität. Sie sind dadurch charakterisiert, dass ihr Pro-Kopf-Produkt seit 1990 sinkt oder dass die Indikatoren der menschlichen Entwicklung deutlich eingebrochen sind.[155] Fragile Staaten zeichnen sich demnach vor allen anderen dadurch aus, dass sie ein schweres Entwicklungsproblem haben und eigentlich am meisten auf Hilfe angewiesen wären. In den Ländern, die das UNDP auflistet, leben rund 900 Millionen Menschen. Ihre sozialen Probleme sind krass: Sie umfassen nur 14 Prozent der Weltbevölkerung, aber 35 Prozent der absolut Armen. Ihr Anteil an der weltweiten Müttersterblichkeit liegt bei 44 Prozent, an den nicht eingeschulten Kindern bei 46 Prozent und an der Kindersterblichkeit in den ersten fünf Jahren bei 51 Prozent.[156] Rechnet man Indien und China nicht mit, dann leben etwa zwei Drittel aller Ärmsten, um welche sich das Millenniumsprogramm dreht, in fragilen Staaten. Gelingt es nicht, sie zu erreichen, dann lässt es sich nicht erfüllen.

Lieblinge und Waisen der Entwicklungshilfe

Steht die Bekämpfung der Armut im Zentrum, sollte sich die Entwicklungshilfe also mehr auf die fragilen Staaten konzentrieren. Das war bislang nicht der Fall. Fragile Staaten haben zwischen 1992 und 2002 bedeutend weniger Hilfe erhalten als andere Länder mit tiefem Einkommen; in absoluten Beträgen, wie auch pro Kopf gerechnet. In fragilen Ländern war die Differenz zwischen zugesagter und tatsächlich ausbezahlter Hilfe größer als in der Vergleichsgruppe der anderen armen Länder; die Hilfsflüsse waren zudem unberechenbarer und stärkeren jährlichen Schwankungen unterworfen, im Jargon »volatiler«. Das sind die Resultate einer Studie, welche die OECD erstellen ließ.[157]

Die Studie weist auch auf Unterschiede innerhalb der Gruppe fragiler Staaten hin: Erstens erhalten Post-Konflikt-Länder mehr Hilfe als andere fragile Staaten. Zweitens gibt es Lieblinge und Waisen der Entwicklungshilfe. Zu den Lieblingen, die verhältnismäßig mehr Hilfe erhalten, zählten in der Berichtsperiode 1992–2002 Kambodscha, Guinea, Laos, Papua-Neuguinea und Sierra Leone. Zu den Waisen Burundi, die Zentralafrikanische Republik, die beiden Kongo, Niger, Nigeria, Sudan, Togo und Usbekistan.[158]

Die 3 D: *Defense, Diplomacy, Development*

Die neue Beschäftigung mit »fragilen Staaten« hat einen starken imperialen Unterton, den vor allem die USA in die Diskussion einbringen. Ihre Nationale Sicherheitsstrategie von 2002 sieht die USA mehr durch »fragile als durch Erobererstaaten« bedroht.[159] Sie führt deshalb »Entwicklung« neben Verteidigung und Diplomatie als dritten Pfeiler der Außenpolitik auf – die USA sprechen seither von den sogenannten 3 D: *Defense, Diplomacy, Development.*

Andrew Natsios, bis 2006 Chef der USAid, erläuterte vor dem britischen Parlament, im Kalten Krieg sei es darum gegangen, das Bündnis gegen die Sowjetunion auszuweiten und zu bewahren. Diplomatisch habe dies »Freundschaft mit einigen widerwärtigen Führern« bedeutet. Die Auslandhilfe habe diesen Imperativ gespiegelt und vor allem »Stabilität« gefördert. »Heute hat sich dies verändert. Wir realisieren jetzt, dass zivilisiertes Leben entscheidend davon abhängt, dass die Unruheregionen der Welt transformiert werden können.« Ziel der amerikanischen Hilfsprogramme sei deshalb nicht mehr »nachhaltige«, sondern »transformierende Entwicklung«.[160]

Auf das größte Abenteuer in Sachen *transformational development* ließen sich die USA in Afghanistan und im Irak ein. Da sind die 3 D in voller Entfaltung, mit schlechten Resultaten: Es wurde viel »Transformation« erreicht, aber nicht für die Sache der »Zivilisation«. Daneben gewähren die USA einigen Entwicklungsländern, die für ihren »Krieg gegen den Terrorismus« nützlich oder unerlässlich sind, großzügige militärische Zusammenarbeit und generelle Wirtschaftsunterstützung. Dazu gehören die zentralasiatischen Nachbarn Afghanistans, Pakistan, aber auch Indonesien, die Philippinen, Kolumbien, Äthiopien oder einzelne Sahelstaaten. Einige dieser Staaten sind fragil und könnten durchaus etwas »Transformation« gebrauchen. Bei ihnen, den »Frontstaaten« im Krieg gegen den Terrorismus, liegt der amerikanische Akzent aber, wie in alten Zeiten, auf »Stabilität«.

Die amerikanische Vorstellung, die Entwicklungshilfe müsse strategisch neu ausgerichtet werden, verlor an Anziehungskraft, je mehr sich die Lage im Irak und in Afghanistan verschlechterte. Es gibt Zustimmung für die 3 D bei Europapolitikern, die sich eine größere außenpolitische Rolle der EU erhoffen. Aber auch bei Verteidigungsministerien und »liberalen Interventionisten« à la Bernard Kouchner, welche die Völker der ehemaligen Dritten Welt mit militärischen Mitteln von Unterdrückung, Frauenfeindlichkeit, Völkermord und Elend befreien wollen. Und es gibt starken Widerspruch, etwa in der »Entwicklungsgemeinde«. Natsios beklagte vor dem britischen Parlament, dass die »europäische Debatte die Entwicklungsherausforderung weitgehend ohne außen- und sicherheitspolitische Erwägungen behandelt«.[161] Noch mehr Widerstände gibt es in den internationalen Institutionen, in denen die Entwicklungsländer eine Mehrheit haben. Einzelne europäische Geber, westliche NGOs und die Uno versuchten deshalb den amerikanischen Fokus auf »nationaler« oder »westlicher Sicherheit« zu kontern, indem sie auf den Begriff der »menschlichen Sicherheit« rekurrierten, wie ihn die UNDP 1994 geprägt hatte: also individuelle Sicherheit vor materieller Not oder staatlichen Übergriffen, Schutz vor Gewalt usw.

Der DAC beschloss in der Folge, die Hilfeflüsse an fragile Staaten jährlich zu erfassen. Die Übung soll es ermöglichen, Vernachlässigungen zu vermeiden, die aus mangelnder Koordination der Geber resultieren, und das Problem der Waisen der Entwicklungshilfe anzugehen. Es gehe darum, bei neuen Möglichkeiten rasch handeln zu können, in den Post-Konflikt-Ländern lange genug engagiert zu bleiben und die destabilisierenden Wirkungen der Volatilität des internationalen Engagements zu reduzieren.[162]

Rekapitulieren wir: In der Auseinandersetzung um die Frage, welchen Ländern überhaupt geholfen werden soll, hatte schließlich nur ein Kriterium Bestand: die Armut unter ihren verschiedenen Facetten. Die Hilfe soll an arme Länder gehen, an Länder, die in der Erreichung der Millenniumsziele im Rückstand sind, an solche, die unter schwachen Regierungen und politischer Instabilität leiden, oder an Länder, deren Staatsmacht vor der Implosion steht oder implodiert ist. Andere Faktoren wie zum Beispiel die Regierungsführung oder die politische Leistungsfähigkeit des betreffenden Landes sollten nicht über die »Hilfewürdigkeit« entscheiden, haben aber sehr wohl einen Einfluss auf die Art und Weise, wie Hilfe geleistet werden kann.

Tabelle 12

Wachsende Anteile der Hilfe für die armen Länder

	Prozentanteil an der Gesamthilfe (in konstanten Dollarwerten von 2005)								
	1998	1999	2000	2001	2002	2003	2004	2005	2006
Arme Länder	36,3	33,3	36,4 %	39,4 %	40,6 %	44,6 %	40,7 %	35,8 %	46,5 %
Schwarzafrika	25,1	23,5	24,4 %	24,5 %	29,1 %	35,0 %	30,8 %	27,1 %	37,9 %

Arme Länder = Least Developing Countries + Low Income Countries.
Quelle: OECD online database.

Dieser theoretische Konsens hat erste praktische Auswirkungen (siehe Tabelle 12). Von 1998 bis 2006 ist der Anteil der Hilfe der DAC-Länder an die beiden ärmsten Länderkategorien um fünf bis zehn Prozent gestiegen, wenn auch ziemlich schwankend. Etwas gleichmäßiger und stärker ist der Trend bezüglich Schwarzafrika. Ob er sich in Zukunft fortsetzt, ist offen – es müsste aber der Fall sein, wenn die Geber ihre Absichtserklärungen ernst nehmen.

Fragile Staaten: Vom Desengagement zum *state building*

Die Hilfe an fragile Staaten reibt sich an einem Hauptproblem: Wie soll die staatliche und multilaterale Hilfe damit umgehen, dass die Regierungen fragiler Staaten selber fragil sind? Am leichtesten zu bewältigen ist dieses Problem in Post-Konflikt-Ländern, in denen die neuen Machthaber in aller Regel eine große Bereitschaft zeigen, in die internationale Gemeinschaft »zurückzukehren« und von der Hilfe zu profitieren. In den andern Fällen können sich die Geber auf Instrumente der Hilfe beschränken, die voll unter ihrer Kontrolle stehen. Programm- oder Budgethilfe, bei denen die Finanzmittel über die Regierung fließen, sind eher ausgeschlossen. Stattdessen werden Projekte und humanitäre Hilfe bevorzugt. In vielen fragilen Staaten kann Hilfe zudem sinnvoll nur über zivilgesellschaftliche Organisationen geleistet werden.

Nach dem 11. September kamen Stimmen auf, die unter dem Eindruck der amerikanischen Vorstellungen mehr verlangten. Sie sehen die Hilfe an fragile Staaten als Teil einer umfassenden Intervention der »internationalen Gemeinschaft«. Ziel sei es, die von den fragilen Staaten ausgehenden destabilisierenden Effekte zu begrenzen und letztlich zu eliminieren, indem man fragile zu »funktionsfähigen« Staaten umbaut, die einigermaßen auf die Bedürfnisse ihrer Bevölkerungen eingehen und sich zu »verantwortungsvollen Teilhabern« des internationalen Systems entwickeln.

157

Die britische Entwicklungsagentur zum Beispiel sieht vier Möglichkeiten:

1. Auf kurze und mittlere Sicht sollten die unmittelbaren Bedürfnisse und die entsprechenden sozialen Dienstleistungen sichergestellt werden.

2. Auf mittlere und längere Sicht müsse der Aufbau nachhaltiger institutioneller Systeme zur Armutsreduktion vorangetrieben werden, und zwar innerhalb und außerhalb des Regierungsapparats.

3. Weiter gelte es lokale, regionale und nationale Kräfte des Wandels zu unterstützen und dadurch politische Veränderungen zugunsten der Armen voranzutreiben. Das könne in Zusammenarbeit mit »Reformern« im Machtapparat, aber eventuell auch außerhalb der Regierung geschehen.

4. Schließlich könnten solche Ziele in fragilen Staaten nur erreicht werden, wenn die Geber und multinationalen Institutionen sich koordinieren und gemeinsam vorgehen, das heißt, wenn sie gemeinsam die entscheidenden Akteure des jeweiligen fragilen Staates beeinflussen und unter Druck setzen.[163]

Wenn Hilfe Teil der Bemühungen des »Staatsaufbaus« in fragilen Ländern wird, werden auch die Hilfeinstrumente wieder interessant, welche den Gebern, trotz aller finanzieller Risiken, einen größeren Hebel gegenüber der Regierung und anderen Akteuren des fragilen Staates verschaffen. Möglich sind zum Beispiel Treuhandfonds, *trust funds*, welche die Geber gemeinsam mit den Empfängerregierungen verwalten. Die britische Entwicklungsagentur nennt Afghanistan oder Osttimor als Beispiele, wo erfolgreich mit *trust funds* operiert werde. In Post-Konflikt-Ländern wie Ruanda oder Sierra Leone habe sich sogar direkte Budgethilfe bewährt.[164]

Sozialfonds, wie sie die Weltbank benutzt, oder Multi-Geberfonds geben der Gebergemeinschaft ähnliche Hebel der Beeinflussung in die Hand wie die Budgethilfe. Sozialfonds sind geeignet, die Investitionen lokaler Gemeinschaften in Gesundheit oder Bildung direkt zu unterstützen. Sie können mit verschiedenen Systemen von

Dienstleistungserbringung arbeiten, also auch mit vorhandenen institutionellen Rudimenten der fragilen Staaten. Problematisch werden sie auf die Länge dort, wo sie in keiner Weise mit staatlichen Institutionen verknüpft werden können. Daneben erachten die Geber weiterhin auch Projekthilfe, humanitäre Hilfe und Leistungen via zivilgesellschaftliche Organisationen als geeignete Instrumente in fragilen Staaten.

Protektorate ohne Verantwortung?

Wenn die Gebergemeinschaft zu Zwecken des *state building* in fragilen Staaten interveniert, stellen sich zwei Fragen. Wie steht es um die Souveränität und Selbstbestimmung des betreffenden Staates? Und wer gibt dem dank internationaler Hilfe eventuell wieder aufgepäppelten Staatsgebilde die nötige Legitimität?

Seit dem Ende des Kalten Kriegs ist die Unantastbarkeit staatlicher Souveränität, die machtpolitisch ohnehin nicht immer beachtet wurde, auch begrifflich ins Rutschen geraten. Bewaffnete »humanitäre Interventionen« stellten in Einzelfällen die Menschenrechte der Individuen über die souveräne Verfügungsgewalt staatlicher Machthaber. Staatliche Souveränität wird vermehrt funktionell statt politisch oder rechtlich begründet. »Der Konsens, der sich heute abzeichnet«, heißt es in einem Papier des offiziösen britischen Overseas Development Institute (ODI), »verweist darauf, dass die Lücke zwischen De-jure- und De-facto-Souveränität das Haupthindernis für die globale Sicherheit und Prosperität ist. Die Herausforderung besteht darin, das internationale System für das Ziel der Stärkung der Souveränität der Staaten einzuspannen. Das heißt, der Stärkung der Fähigkeit dieser Staaten, die Funktionen wahrzunehmen, die sie als Staaten definieren [De-facto-Souveränität]. Langfristige Partnerschaften müssen geschaffen werden, um Strategien zur Schließung der Souveränitätslücke vorzubereiten und umzusetzen.«[165]

Souveränität ist in dieser Debatte nicht mehr das Recht auf

Selbstbestimmung, sondern eine »Fähigkeit«, die gestärkt oder geschwächt werden kann. Souveränität wird zur Fähigkeit von nicht-westlichen Staaten, gute Regierungsführung umzusetzen, wobei diese durch internationale Regime (z.B. WTO) und westliche Staaten definiert wird. Souveränität so verstanden, beinhaltet nicht viel mehr, als sich auf der CPIA-Skala langsam zur Note 6 vorzuarbeiten.

Entsprechend ist die Herstellung funktionaler Souveränität eine Aufgabe, die der souveräne Staat nicht allein, sondern in Partnerschaft wahrnimmt. Das ODI postuliert im gleichen Papier: »Wir definieren eine Strategie zum Aufbau der Souveränität oder des Staats als [...] die Ausrichtung interner und externer Stakeholders auf gemeinsame Ziele [...]. Um Strategien des Staatsaufbaus zu entwerfen und umzusetzen, muss das Wirken des gegenwärtigen internationalen Systems auf ein Modell hin umorientiert werden, in dem Partnerschaft und Koproduktion von Souveränität das gemeinsame Ziel von nationalen Führern und internationalen Partnern wird.«[166]

Solche Vorstellungen von Souveränität widersprechen dem geltenden Völkerrecht. Die Souveränität wurde als Recht postuliert, weil es unter den Staaten große Ungleichheiten gibt. Verschiedentlich hielt die Uno die Souveränität aller Staaten hoch, »ungeachtet ihrer ökonomischen, sozialen, politischen oder anderer Unterschiede«. In die gleiche Richtung ging die Resolution über die Unabhängigkeit ehemaliger Kolonien: »Die Unangemessenheit der politischen, ökonomischen, sozialen und bildungsmäßigen Vorbereitung darf nie als Vorwand zur Hinausschiebung der Unabhängigkeit dienen.«[167] Nicht so heute: Nun sind die Unzulänglichkeiten der am meisten benachteiligten Staaten der Grund für »geteilte« oder »vereinte« Souveränität in national-internationaler Partnerschaft.

Wenn die Souveränität fragiler Staaten eine »national-internationale Koproduktion« ist, verdoppelt sich die Rechenschaftspflicht. Die durch die kanadische Regierung eingerichtete International Commission on Intervention and State Sovereignty (ICISS) hielt fest, dass Souveränität unter diesen Umständen »Rechenschaftspflicht gegenüber zwei verschiedenen Körperschaften bedeutet: intern gegenüber der eigenen Bevölkerung und international gegenüber der Gemeinschaft verantwortlicher Staaten«.[168] Das Problem ist, dass in fragilen hilfeabhängigen Ländern die eigene Bevölkerung und allenfalls vorhandene Institutionen von *checks* und *balances* wie Parlamente, Parteien und Gerichte schwächer sind als die Gebergemeinschaft oder die international »verantwortlichen Staaten«. Die allgemeine Klage aus solchen Ländern ist denn auch nicht zu überhören, dass ihre Regierungen die interne Rechenschaftspflicht vernachlässigen und nur den Gebern als stärkerem »Partner« Rechenschaft ablegen.

Der englische Politologe David Chandler kritisiert deshalb, dass die neuen *state building*-Strategien Souveränität nicht stärken, sondern aushöhlen. Die internationale Gemeinschaft beziehungsweise die Geberstaaten wollten jedoch selber keine direkte Verantwortung für diese Quasi-Protektorate übernehmen, sondern sie auf die begrenzt souveränen Regierungen der betroffenen Länder abwälzen. Chandler betont, dass Staaten, die auf diese Art (wieder) »aufgebaut« werden, leere funktionale Hüllen zu bleiben drohen, hinter denen keine sozialen und politischen Kräfte und kein gemeinsames politisches Projekt stehen. Kurz: Gebilde, die in der Bevölkerung nur eine schwache Legitimität genießen.

Der konzertierten Intervention in fragile Staaten zwecks rascher Stabilisierung geht es gleich wie den amerikanischen 3 D. Sie ist zwar weiterhin im Gespräch, stößt aber auf vielfältige Skepsis aufgrund vergangener Erfahrungen, zu denen für Europa die ungelösten Fragen um die nicht deklarierten Protektorate Bosnien und Kosovo gehören. Die Interventionsdiskussion zeigt aber auch die Versuchung, unter der die westliche Außenpolitik in den kommenden Jahren stehen wird, nämlich die »chaotischen Verhältnisse« in den armen Teilen der Welt durch umfassende, allenfalls auch militärische Interventionen »ein für alle Mal« zu stabilisieren und dazu auch die Entwicklungshilfe zu instrumentalisieren. Es ist aber anzunehmen, dass solche Ideen auch weiterhin nur im Einzelfall zum Zuge kommen.

Die »Paris Deklaration« – ein Fortschritt

Die »Paris Deklaration« von 2005 zog das Fazit aller Debatten, die Ende der Neunzigerjahre begonnen hatten, und hält drei Grundsätze fest:

1. Eigenverantwortung (*ownership*): Die Empfängerländer erarbeiten und realisieren ihre Entwicklungsstrategien selber.
2. Partnerausrichtung (*alignment*): Die Geber richten ihre Hilfe auf die nationalen Entwicklungsstrategien und Institutionen aus.
3. Harmonisierung (*harmonisation*): Die Vielzahl der Geber spricht sich ab und harmonisiert ihre Aktivitäten.

Der Kern der »Paris Deklaration« ist die Eigenverantwortung. Sie bekräftigt damit, was mit den Entschuldungsaktionen Ende der Neunzigerjahre begann – dass nämlich die Empfängerregierungen nationale Entwicklungsstrategien ausarbeiten, auf die sich die Hilfe auszurichten hat. Referenzrahmen dafür sind die Armutsreduktionsstrategien und die Millenniums-Entwicklungsziele. Neu an der »Paris Deklaration« ist die Ausdeutschung der Konsequenzen, welche sich daraus für die Geber ergeben:

Aus dem Grundsatz der »Eigenverantwortung« folgt, dass ein wachsender Teil der Hilfsprogramme den nationalen Entwicklungsstrategien entsprechen und ihrer Realisierung dienen soll.

Mit dem Grundsatz »Partnerausrichtung« verpflichten sich die Geber, ihre Hilfsprogramme über die Institutionen und Systeme des Empfängerlandes abzuwickeln.

• Erstens sollen wachsende Anteile der Hilfe über das nationale Budget laufen. Falls beispielsweise eine landesweite Kampagne gegen Masern Bestandteil des nationalen Entwicklungsplans ist und durch die Geber unterstützt wird, sollen die finanziellen Aufwendungen dafür im nationalen Budget erscheinen.

- Zweitens sollen die Geber ihre eigenen Umsetzungsorganisationen für Hilfsprogramme sukzessive abbauen und stattdessen die Institutionen des Landes benutzen. Im Falle der Masernkampagne ginge es darum, dass das nationale Gesundheitssystem des betreffenden Landes die Kampagne selber durchführt, sich im Zuge der Kampagne allenfalls noch fehlende Fähigkeiten aneignet und die langfristige Fortführung der Masernprävention gewährleistet. Ein solches Vorgehen wäre in der Regel mit Tempoverlust und beträchtlichen Schwierigkeiten verbunden – aber deshalb ist es ja ein Entwicklungsland. Alternativ könnten die Geber eine landesweite Impfaktion gegen Masern auch durch eine eigene Ad-hoc-Organisation ausführen lassen – solches haben sie zuhauf getan –, die Entwicklungswirkung wäre aber kleiner und die Nachhaltigkeit nicht gegeben. Wenn sie ihre Ad-hoc-Organisation abbauen, fällt das Empfängerland in der Masernprävention wieder in die Ausgangsposition zurück.

- Drittens sollen die Geber für Hilfsprogramme im öffentlichen Sektor vermehrt auf das öffentliche Beschaffungswesen des Empfängerlandes zurückgreifen, statt die Beschaffungen selber durchzuführen. Es geht für das Empfängerland nicht nur darum, den besten Preis zu erhalten. Sondern auch, um beim Beispiel der Masern zu bleiben, darum, seinen Nachschub im Gesundheitswesen zu standardisieren oder, sofern vorhanden, Produzenten von Generika und medizinischem Bedarf aus dem eigenen Land oder aus der Nachbarschaft zu bevorzugen. In diesem Zusammenhang verpflichteten sich die Geber mit der »Paris Deklaration« einmal mehr, den Anteil an gebundener Hilfe zu reduzieren, allerdings völlig unverbindlich und ohne ein quantitatives Ziel zu setzen (siehe S. 102 f.).

Im durchschnittlichen Empfängerland ist eine Vielzahl von Geberinstitutionen aktiv: von der Uno über die Weltbank und einzelne Geberländer bis zu privaten nördlichen Entwicklungsorganisationen. Das hat Konsequenzen für die Finanz- und einzelne Fachministerien.

Sie sind in ihrer täglichen Arbeit oft mehr damit beschäftigt, Geberdelegationen zu empfangen, Rechenschaftsberichte, Evaluationen, *progress reports* zu verfassen und *field missions* zu begleiten, als sich mit ihren Regierungskollegen, den Parlamenten, Parteien, Medien und BürgerInnen des eigenen Landes auseinanderzusetzen. In der »Paris Deklaration« verpflichten sich die Geber unter dem Titel »Harmonisierung«, diesen Aufwand zu reduzieren, indem sie ihre Hilfe koordinieren und gemeinsame Analysen, Evaluationen und Programmbesuche durchführen. Die Deklaration postuliert zudem, unter den Gebern die Arbeitsteilung zu stärken und die Hilfe komplementär auf die jeweiligen Stärken der Geber auszurichten. Mit der Harmonisierung hofft man, die Transaktionskosten zu verringern und damit die Wirksamkeit der Hilfe zu erhöhen. Die Harmonisierung entspricht aber auch der Logik der »Eigenverantwortung«: Wenn die Entwicklungspläne der Empfängerregierungen vorgeben, wo die Hilfe gewünscht ist, dann folgt daraus ein Zwang zu größerer Koordination und stärkerer Arbeitsteilung unter der Vielzahl der Geber.

Um über die rhetorische Bereitschaft in Sachen Harmonisierung hinauszukommen, verpflichten sich die Geber in der »Paris Deklaration«, bis 2010 zwei Drittel der Hilfe direkt in das Gesamtbudget oder einen Teilsektor des Staatshaushalts (zum Beispiel das Bildungswesen) einzuspeisen und damit die Entwicklungsprogramme der Empfängerregierung zu unterstützen. Damit wären 2010, finanziell gesehen, zwei Drittel aller Hilfe »automatisch« harmonisiert. Die Budget- und Sektorhilfe, also die direkte Finanzierung der Regierungen, ist der bekannteste Aspekt der »Paris Deklaration«. Der Ausbau der Budget- und Sektorhilfe hat in den letzten Jahren wesentlich dazu beigetragen, dass die Regierungen die Gesundheits- und Bildungssysteme ausbauen konnten und die Zahl der Kinder in Afrika, die eine Grundschule besuchen, stark gestiegen ist.

Risiken und Fallen der »Paris Deklaration«

Auf den ersten Blick verspricht die »Paris Deklaration« einige Fortschritte. Die drei Grundsätze sind unbestritten und können in ihrer praktischen Umsetzung dazu beitragen, dass Entwicklungshilfe staatliche Handlungsfähigkeit nicht untergräbt, sondern stärkt und damit alte Fehler korrigiert. In der Praxis zeichnen sich jedoch fünf Problembereiche ab.

Erstens läuft die »Paris Deklaration« Gefahr, die technokratische Schlagseite der staatlichen Entwicklungszusammenarbeit zu verstärken. Einige Geber, so stellt ein Netzwerk von zivilgesellschaftlichen Entwicklungsorganisationen fest, reduzierten die »Paris Deklaration« auf das Management der Hilfsflüsse und die Senkung der Transaktionskosten. Überlegungen, wie Hilfe tatsächlich Armut und Ungleichheit reduzieren könnte, fehlten. Sie verlangen deshalb, die Unterzeichner der »Paris Deklaration« müssten die inhaltlichen Ziele der Entwicklung, die man anstrebe, wie Armutsbekämpfung, Geschlechtergleichheit, Menschenrechte und soziale Gerechtigkeit, explizit bekräftigen und in die Umsetzung und Überprüfung der Deklaration einbeziehen.[169]

Zweitens riskiert die »Paris Deklaration«, durch die Korrektur des alten Fehlers (die Schwächung des Staats) neue Fehler zu begehen. Der Akzent der harmonisierten Hilfsarchitektur liegt nur noch auf dem Staat oder noch präziser auf seiner Zentralregierung. Die Zusammenarbeit mit zivilgesellschaftlichen AkteurInnen wird in der Deklaration nicht einmal gestreift, geschweige denn systematisch aufgenommen. In verschiedenen Ländern klagen lokale zivilgesellschaftliche Organisationen über einen drastisch verminderten Zugang zu den Geberinstitutionen und über stark schwindende Finanzierungsmittel, weil sich die Geber nun auf die Zentralregierung konzentrieren.

Dabei verdanken sie der Kooperation mit zivilgesellschaftlichen Organisationen wichtige Erfolge der Entwicklungszusammenarbeit:

- Zivilgesellschaftliche Entwicklungsorganisationen im Norden verankern die Entwicklungszusammenarbeit als gesellschaftliche Aufgabe und leisten den effektivsten Widerstand gegen die außenpolitische Instrumentalisierung und Zweckentfremdung der Hilfe.

- Zivilgesellschaftliche Organisationen im Süden helfen Frauen, den Ärmsten, sozial Ausgeschlossenen und benachteiligten Minderheiten am wirksamsten, ihre Interessen zu artikulieren und ihre soziale Emanzipation voranzutreiben. In vielen Staaten mit schwachen Akklamationsparlamenten und starker Konzentration der Macht in wenigen Händen repräsentieren zivilgesellschaftliche Organisationen die einzige Gegenmacht.

- Schließlich gehen auch viele Innovationen in der Praxis der Entwicklungszusammenarbeit auf das Wirken zivilgesellschaftlicher Organisationen zurück (siehe S. 78 ff.). Die explizite Anerkennung und Verankerung dieser Tatsache ist 2008, beim laufenden Überprüfungsprozess der »Paris Deklaration«, ein Hauptpunkt der Auseinandersetzung.

Drittens laufen die Geber Gefahr, den Staat mit der Zentralregierung gleichzusetzen und diese statt die Handlungsfähigkeit staatlicher Institutionen generell zu fördern. Durch die Budgethilfe werden die Zentralregierung und vor allem das Finanzministerium gestärkt und Fachministerien und staatliche Behörden in Provinzen und Kommunen tendenziell geschwächt. Die Erfahrung zeigt, dass Hilfe, die über die Zentralregierung fließt, spät und nur teilweise auf lokaler Ebene ankommt. Entsprechend stehen in vielen Ländern nur die Zentralregierungen uneingeschränkt positiv zur Budgethilfe, während Provinz- und Lokalregierungen Vorbehalte anmelden und beklagen, von Mitteln abgeschnitten zu werden. Dezentralisierungsprozesse werden dadurch gefährdet.

Viertens riskiert die Koordination und Harmonisierung der Geber, den Hauptzweck der »Paris Deklaration« zu unterlaufen: die Stärkung der *ownership* der Empfängerregierungen. Die Koordinationsmechanismen unter den Gebern, die in stark hilfeabhängigen Ländern eingerichtet wurden, haben die Verhandlungsmacht der Geber kartellartig gebündelt. Ein Evaluationsbericht für die OECD über die ersten Erfahrungen mit der Budgethilfe stellte fest, der Übergang vom Geberdiktat zur *ownership* habe erst teilweise stattgefunden. Dabei sähen die Geber größere Fortschritte als die Empfängerregierungen. Letztere übernähmen auch nur begrenzt die Führung in der Koordination der Hilfe; diese würde nach wie vor von den Gebern wahrgenommen. Desgleichen würden sich die Empfängerregierungen selten an der Erarbeitung der analytischen Unterlagen beteiligen, auf die sich die Geber stützen.[170] Damit bleibt die Definitionsmacht stark bei den Gebern.

Wie stark das Geberkartell allerdings werden kann, ist offen und dürfte je nach Empfängerland unterschiedlich sein. Es gibt eine Reihe von Faktoren, welche die Spielräume der Empfängerregierungen gegenüber den Gebern vergrößern: so die »neuen Geber« mit China an der Spitze, die starke asiatische Nachfrage, welche Rohstoff- und Agrarpreise in die Höhe drückt, und die neuen Finanzierungsmöglichkeiten für die Entwicklungsländer, die nicht mehr durch die alten Industrieländer, die Weltbank und den IWF kontrolliert werden.

Fünftens riskiert das Geberkartell – wie schon oft in der Vergangenheit –, die Auseinandersetzungen um die ungelösten politischen Fragen des Zusammenlebens in künstlich geschaffenen Territorialstaaten auf Verwaltungsverfahren und funktionale Institutionen herunterzubrechen. In den Achtziger- und Neunzigerjahren lagen die Geber in ihren wirtschaftlichen Vorstellungen falsch. Heute, wo sie sich auf den Staat konzentrieren, könnte es ihnen geschehen, dass sie den Empfängerregierungen ein bürokratisches Modellkonstrukt als Ersatz für das anbieten, was in den schwächeren Entwicklungsländern mangelt und auch nicht in Kürze entstehen wird: ein politisch-nationales Projekt.

Ausblick

Diese Probleme stehen heute in der Kritik von zivilgesellschaftlichen Organisationen in Nord und Süd. Die OECD hatte 2007 einen Überprüfungsprozess initiiert, der im Herbst 2008 in ein Treffen aller Signatäre der »Paris Deklaration« in Accra, Ghana, mündet. Viele dieser Probleme könnten behoben werden. In Realität ist jedoch damit zu rechnen, dass einige noch auf Jahre weiterverschleppt werden.

Insgesamt ist die Tendenz zum logischen Rigorismus der »Paris Deklaration« zu brechen. Ihre Vision von Hilfe läuft in der Karikatur darauf hinaus, die Vielzahl von AkteurInnen wirtschaftlicher Entwicklung und sozialen Wandels den Plänen des Geberkartells und der Empfängerregierungen unterzuordnen und damit wesentliche Quellen des Fortschritts zu verstopfen – nämlich den sozialen Konflikt, der den sozialen Wandel vorantreibt, und die Innovation, die sich aus der Vielzahl verschiedener Handlungen von vielen AkteurInnen ergibt. Das ist allen irgendwie bewusst. Deshalb ist immer die Rede davon, dass es weiterhin eine Vielzahl von Instrumenten der Entwicklungszusammenarbeit und nicht nur Budgethilfe braucht. Und dass eine Vielzahl von AkteurInnen nötig ist, um allenfalls Entwicklung voranzubringen.

Entwicklungszusammenarbeit:

Die Agenda von Alliance Sud

Vorbemerkung

Die Hilfswerke engagieren sich seit den Sechzigerjahren auf zwei Ebenen:

- Sie unterstützen in den Entwicklungsländern Benachteiligte in ihren Bemühungen, Elend und Ohnmacht, materielle Not, gesellschaftliche Diskriminierung und politische Rechtlosigkeit zu überwinden.

- Sie kritisieren internationale Machtverhältnisse und weltwirtschaftliche Regeln, welche Entwicklung behindern, und versuchen, zu ihrer Veränderung beizutragen. Zu diesem Zweck sensibilisieren sie die Bevölkerung für Entwicklungsfragen und mischen sich in die Außen- und Außenwirtschaftspolitik ihrer Regierungen ein oder in die Politik der internationalen Organisationen. In der Schweiz machen dies sechs große Hilfswerke seit 1971 gemeinsam durch die Lobbyorganisation Alliance Sud.

Auseinandersetzungen über entwicklungsförderliche internationale Handels- und Kapitalverkehrsregeln charakterisieren die letzten vier Jahrzehnte. Viele dieser Regeln haben die Industrieländer nach ihren Vorstellungen geprägt. In Institutionen wie der Weltbank oder dem Internationalen Währungsfonds (IWF) haben die Entwicklungsländer wenig zu sagen, obwohl sich diese Institutionen hauptsächlich mit ihnen beschäftigen. In welche Richtung die internationalen Strukturen verändert werden müssten, um Entwicklung zu fördern, statt zu behindern, hat Alliance Sud in den »Entwicklungspolitischen Leitlinien« dargelegt.[171]

Neben diesen internationalen Strukturfragen gibt es aber eine eigentliche Politik der Entwicklungszusammenarbeit, wie dieses Buch zeigt. Im Kern geht es hier darum, ob die Mittel der Entwicklungszusammenarbeit für die Erfordernisse der Entwicklungsländer und die Bedürfnisse der Ärmsten eingesetzt werden oder für andere Zwecke:

sei es für die Eigeninteressen der Industrieländer oder für außenpolitische Operationen, welche zulasten der Entwicklungsbudgets finanziert werden. Die seit einigen Jahre grassierende Kritik an der Entwicklungszusammenarbeit hat ihren sachlichen Ursprung in diesem Doppelcharakter der staatlichen Entwicklungshilfe. Die Träger von Alliance Sud haben sich seit 2006 intensiv mit diesen Fragen beschäftigt und daraus die vorliegende Agenda für die Entwicklungszusammenarbeit der Schweiz entwickelt, welche die »Entwicklungspolitischen Leitlinien« ergänzt.

I. Gründe für eine aktive Außenpolitik der Schweiz

Gegenseitige Abhängigkeit: Mangelnde Lebensperspektiven in den Entwicklungsländern, die Zunahme fragiler Staaten und die ökologischen Risiken, allen voran die Klimaerwärmung, betreffen die ganze Welt. Alles, was der Schweiz lieb ist – Wohlstand, Sicherheit, Selbstbestimmung oder Demokratie –, ist auf die Länge nicht gesichert, wenn es nicht gelingt, solche »lokalen« Probleme mit globalen Auswirkungen zu entschärfen. Ehemals nationale, innenpolitische Aufgaben wie die Förderung der wirtschaftlichen und sozialen Wohlfahrt, der Schutz der Umwelt, die Sicherung des Friedens sowie die Einhaltung der Menschenrechte verlangen heutzutage »weltinnenpolitische« Anstrengungen im Rahmen einer intensiven internationalen Zusammenarbeit. Nur so können die lokalen, regionalen und nationalen Initiativen Früchte tragen. Deshalb braucht die Schweiz eine aktive Außenpolitik.

Investition in die Zukunft: Die Entwicklungszusammenarbeit ist ein wesentlicher Teil einer Außenpolitik, die zur Bewältigung der globalen Herausforderungen beitragen will. Die Beiträge der Entwicklungszusammenarbeit sind Investitionen in unsere eigene Zukunft, die nur als gemeinsame Zukunft der einen Welt Bestand haben wird. Die schweizerische Bundesverfassung drückt die Anforderungen klar aus, die sich aus den wechselseitigen Abhängigkeiten ergeben. Sie dient auch der Entwicklungszusammenarbeit als Referenz. Sie stipuliert, dass die Außenpolitik des Bundes die eigenen Interessen, nämlich »die Unabhängigkeit der Schweiz und ihre Wohlfahrt«, wahren soll, indem sie einen Beitrag zur Lösung der globalen, weltinnenpolitischen Probleme leistet. Namentlich führt die Verfassung auf, dass die Außenpolitik »zur Linderung von Not und Armut in der Welt, zur Achtung der Menschenrechte und zur Förderung der Demokratie, zu einem friedlichen Zusammenleben der Völker sowie zur Erhaltung der natürlichen Lebensgrundlagen« beitragen soll (Art. 54²).

Wohlverstandenes Eigeninteresse: Die Schweiz lebt von Rohstoffen, Nahrungsmitteln und vielen Industriegütern, die sie importieren muss und von denen ein beträchtlicher Teil in den Entwicklungsländern produziert wird. Sie benutzt fossile Energieträger, welche in afrikanischen und asiatischen Ländern gefördert werden. Ihre Unternehmen bewirtschaften fast jeden Quadratmeter dieser Erde – und zwar mit Gewinn. Es liegt deshalb im wohlverstandenen Eigeninteresse der Schweiz, die globalen Probleme zu mindern. Wir haben ein Interesse daran, dass inner- und zwischenstaatliche Konflikte entschärft, Umweltprobleme gelöst, fragile Staaten stabilisiert, soziale Gegensätze gelindert werden und Menschen mehr Zukunftsperspektiven in ihren eigenen Ländern erhalten, statt ihr Überleben und Glück in einer riskanten Migration suchen zu müssen. Die Außenpolitik der Schweiz sichert ihre Interessen dann am besten, wenn sie langfristig denkt und alles unternimmt, um die Nord-Süd-Kluft zu überwinden. Die Verfolgung kurzfristiger wirtschaftlicher Eigeninteressen, zum Beispiel in Welthandelsfragen, die sich unmittelbar in Firmenbilanzen und der volkswirtschaftlichen Gesamtrechnung von heute niederschlagen, kann ihrem langfristigen nationalen Interesse widersprechen.

Faire Lastenteilung: Die Schweiz ist Mitglied in internationalen Organisationen, die sich mit globalen Problemen und der Sicherung der globalen öffentlichen Güter beschäftigen. Sie hat verschiedene internationale Abmachungen und Verträge mitausgehandelt und ratifiziert. Sie unterzeichnet Absichtserklärungen und Programme wie zum Beispiel die Millenniumsdeklaration und übernimmt damit Verpflichtungen. Die Schweiz ist zudem mit vielen Staaten dieser Welt durch ein engmaschiges Netz bilateraler Verträge verbunden – die meisten wirtschaftlicher Natur. In diesen Verträgen geht es, wie in der internationalen Politik generell, um ein Geben und Nehmen. Da die Schweiz zwar ein kleines Land ist, aber die Wirtschaftskraft einer mittleren Macht hat, wird von ihr ein entsprechender Beitrag an die faire Lastenteilung internationaler Abmachungen erwartet. Das erwarten die anderen Länder auch im Zusammenhang mit den Millenniums-Entwicklungszielen und dem von der Schweiz mitverhandelten Monterrey-Konsens über Entwicklungsfinanzierung.

Die Grenzen der internationalen Zusammenarbeit: Um Missverständnissen vorzubeugen, seien die Grenzen der internationalen Zusammenarbeit und des schweizerischen Beitrags explizit genannt. So wenig, wie die Entwicklungszusammenarbeit allein die Länder Afrikas, Asiens und Lateinamerikas aus der Armut herausführen wird, so wenig kann internationale Zusammenarbeit oder schweizerische Außenpolitik allein die globalen Probleme lösen. Überall sind lokale Verantwortung und lokale Handlungen letztlich entscheidend. Aber viele Probleme haben neben der lokalen auch eine globale Dimension: Hier ist außenpolitisches Handeln zentral. Dass die Landbevölkerung in der afrikanischen Sahelregion periodisch hungert, können nur politische Initiativen, soziale Kämpfe und wirtschaftliche Anstrengungen in diesen Ländern selber verhindern. Dass aber europäische Staaten mit subventionierten Exporten deren Produktion untergraben, ist auf internationale Politik zurückzuführen und kann international geändert werden. Damit Somalia seinen Staatszerfall überwindet, müssen sich die Somali selber zusammenraufen. Es spielt jedoch eine Rolle, ob auswärtige Mächte, wie es gegenwärtig geschieht, die innersomalischen Konflikte verstärken oder ob sie mäßigend und vermittelnd einwirken. In beiden Fällen macht es aber für die Ärmsten einen großen Unterschied, ob Entwicklungszusammenarbeit und Nothilfe zur Verbesserung ihrer Lebensumstände beitragen oder nicht.

II. Entwicklungspolitik: Mehr Kohärenz

1. **Zielkonflikte transparent machen:** Die außenpolitischen AkteurInnen der Schweiz wissen spätestens seit dem Nord-Süd-Leitbild des Bundesrates von 1994, dass in den Beziehungen mit den Entwicklungsländern Zielkonflikte vorkommen: Zielkonflikte zwischen schweizerischen Wirtschaftsinteressen, entwicklungspolitischen Absichten des Bundes und Interessen der Entwicklungsländer. Um mehr Kohärenz in der Nord-Süd-Politik zu erreichen, müssen diese Zielkonflikte offengelegt und im Entscheidungsprozess berücksichtigt werden. Einen Beitrag zu solcher Transparenz leisten die Medien, das Parlament oder entwicklungspolitische Organisationen wie Alliance Sud und ihre Trägerwerke. Entscheidend ist jedoch, dass auch innerhalb der Regierung die Zielkonflikte offengelegt und ausdiskutiert werden müssen. Das bedingt, dass die mit Entwicklungszusammenarbeit und -politik betrauten Bundesstellen nicht zugleich Handels-, Wirtschafts- und außenpolitische Interessen der Schweiz vertreten. Es ist im Gegenteil ihre Aufgabe, in der Entscheidfindung Zielkonflikte sichtbar zu machen und auf praktische Kompromisse zu drängen. In diesem Sinne dürfen die Direktion für Entwicklung und Zusammenarbeit (Deza), der Entwicklungsdienst des Staatssekretariats, für Wirtschaft (Seco) und die Politische Abteilung IV (PA IV) des Außenministeriums (friedensfördernde Maßnahmen und Menschenrechte) nicht einem außenpolitischen oder außenwirtschaftlichen Diktat ihrer Departemente untergeordnet werden. Die Bestrebungen, die schweizerische Außenpolitik strategisch zu bündeln, dürfen ihre Rolle nicht untergraben.

2. **Die Weltverträglichkeit der Außenwirtschaftspolitik hinterfragen:** Bei Bundesrat und Verwaltung herrscht die Meinung vor, die Wirtschaftsinteressen der Schweiz und der Entwicklungsländer seien grosso modo kongruent. Diese Meinung wurzelt im Glauben, dass freier Handel und freier Kapitalverkehr allen Ländern und allen

Menschen nützen. Die Erfahrungen der letzten Jahrzehnte zeigen deutlich, dass dem nicht so ist. Die Schweiz soll deshalb bei multilateralen und bilateralen Handelsabkommen vom Grundsatz ausgehen, dass die Entwicklungsländer als schwächere »Wettbewerbsteilnehmer« nur dann von einem offenen Weltwirtschaftssystem profitieren, wenn ihnen günstigere Bedingungen gewährt werden als den Industrieländern und wenn sie über genügend wirtschaftspolitischen Spielraum verfügen. Sie soll in der Welthandelsorganisation (WTO) deshalb die Forderungen der ärmeren Entwicklungsländer unterstützen. Bei bilateralen Freihandelsverträgen soll die Schweiz auf Forderungen, zum Beispiel beim Patentschutz, verzichten, die über den WTO-Rahmen hinausgehen. Des Weitern soll die Schweiz darauf verzichten, im Internationalen Währungsfonds oder bei Handelsverträgen eine generelle Öffnung des grenzüberschreitenden Kapitalverkehrs mit Entwicklungsländern zu verlangen.

3. **Die Investitionen und Aktivitäten transnationaler Konzerne regulieren:** Die Schweiz soll die Bemühungen der Entwicklungsländer, die eigenen Industrien zu fördern und zeitweise zu schützen, unterstützen und in diesem Sinne allfällige Auflagen oder Zutrittsbegrenzungen für schweizerische Konzerne akzeptieren. Im Rahmen der Uno soll sie sich für eine internationale Regulierung transnationaler Unternehmen engagieren, welche sie juristisch verantwortlich, rechenschaftspflichtig und für ihre Handlungen haftbar macht.

4. **Die Agrarexportsubventionen abschaffen:** Die Schweiz soll in der WTO die Abschaffung aller Agrarexportsubventionen unterstützen. Und zwar nicht nur der direkten Exportsubventionen, sondern auch derjenigen Unterstützungsbeiträge, die zu Agrarüberschüssen führen, welche zu verbilligten Preisen auf den Weltmarkt geworfen werden. Sie sollte hingegen die Begehren der ärmeren Entwicklungsländer unterstützen, wieder einen teilweisen Zoll- und Kontingentsschutz für sensitive Agrargüter einführen zu können. Dies ermöglicht es den Ländern, ihre Ernährungssouveränität zu sichern, und passt zum schweizerischen Konzept der »Multifunktionalität« der Land-

wirtschaft, mit dem sie auf internationaler Ebene einen gewissen Schutz der eigenen Landwirtschaft zu verteidigen sucht.

5. **Die staatliche Protektion der Steuerhinterziehung durch Ausländer aufheben:** In den vergangenen dreißig Jahren hat die Schweiz sukzessive die meisten kriminellen Praktiken auf dem Finanzplatz dem Strafgesetz unterstellt. Sie verteidigt es jedoch nach wie vor als ihr Recht, ausländische Steuerhinterzieher vor dem Fiskus ihrer eigenen Länder zu schützen. Darunter leiden auch Entwicklungsländer. Die Schweiz soll deshalb alle internationalen Bemühungen, die staatliche Protektion der Steuerhinterziehung zu ächten, unterstützen und ihre eigene Beihilfe zur Steuerhinterziehung einstellen. Unmittelbar sollte sie die Steuerrückzahlungen auf steuerlich nicht deklarierten Vermögen von Ausländern, die sie der EU zugestehen musste, auch den Entwicklungsländern gewähren, mit denen sie Doppelbesteuerungsabkommen hat.

6. **Den Ausstieg aus den nichterneuerbaren Energiequellen anvisieren:** Die Schweiz soll sich führend an der Aushandlung eines Post-Kioto-Klimaregimes beteiligen. Dieses sollte die drastische Reduktion von Treibhausgasen anzielen, sich an gleichen Pro-Kopf-Emissionen für alle Länder orientieren, den Transfer von klimaschonenden Technologien an die Entwicklungsländer voranbringen und den ärmsten Ländern in der Anpassung an die Klimaerwärmung helfen. Dabei soll die Schweiz so rasch wie möglich den Übergang zu erneuerbaren Energien anstreben, und zwar sowohl im Inland als auch in den internationalen Vereinbarungen.

7. **Ein Moratorium für Agrartreibstoffe unterstützen:** Der Run auf Agrartreibstoffe gefährdet die Ernährungssicherheit, trägt zur weiteren Vernichtung tropischer Regenwälder bei und strapaziert in vielen Ländern die ohnehin knappen Wasserreserven. Der Anbau von Pflanzen zur Energiegewinnung hat zudem oft eine negative, das Klima belastende Ökobilanz. Ökologisch und entwicklungspolitisch unbedenklich ist nur die Gewinnung von Agrartreibstoffen aus Abfällen der landwirtschaftlichen Nahrungsproduktion. Die Schweiz soll

deshalb im Rahmen der Uno die Forderung nach einem internationalen Moratorium für den Anbau von »Energiepflanzen« unterstützen, bis die Treibstoffverwertung von Abfallprodukten der landwirtschaftlichen Produktion in großem Rahmen marktreif wird.

8. Die zivile Friedensförderung verstärken: Konflikte zur Kontrolle von wirtschaftlichen Ressourcen und politischer Macht werden weiterhin gewaltsam ausgetragen. Die Schweiz soll daher ihre friedenspolitischen Bemühungen fortführen und namentlich ihr Engagement für zivile Friedensförderung und Konfliktbearbeitung weiter ausbauen. Stellt dies doch einen wesentlichen Beitrag zur Verhinderung und Eindämmung künftiger humanitärer Notsituationen dar. Sie soll für Konfliktgebiete, in denen der Staat und die Nichtregierungsorganisationen (NGOs) über besondere Erfahrungen und Partnerschaften verfügen, in Zusammenarbeit mit zivilgesellschaftlichen Akteuren friedensfördernde Programme realisieren. Dies muss auch für Regionen gelten, in denen seit Langem »vergessene« Konflikte ausgetragen werden und die von der internationalen Politik kaum zur Kenntnis genommen werden.

III. Politik der Entwicklungszusammenarbeit

Ziele der Entwicklungszusammenarbeit

1. **Armut und Not bekämpfen:** Alle Menschen haben ein Recht auf die Achtung ihrer Würde, die Wahrung ihrer Menschenrechte und auf ein Leben in Sicherheit. Niemand hat die Wahl, in welchem Land er oder sie geboren wird. Es macht jedoch einen entscheidenden Unterschied, ob man in der Schweiz oder in einer Armutsregion in Afrika, Asien oder Lateinamerika zur Welt kommt: Dieser Unterschied an Lebenschancen und -möglichkeiten, an menschlicher Sicherheit sowie Achtung von Würde und Rechten ist Zwangsschicksal. Daraus ergibt sich eine ethische Verpflichtung zur Solidarität mit den Benachteiligten. Die Entwicklungszusammenarbeit ist Ausdruck davon.

2. **Die Menschenrechte durchsetzen:** Die meisten Staaten der Welt haben mit der Unterschrift unter die Menschenrechtspakte der Uno die Verpflichtung übernommen, nicht nur die bürgerlichen und politischen Menschenrechte zu gewähren und zu schützen, sondern sich auch für die Realisierung der wirtschaftlichen, sozialen und kulturellen Menschenrechte einzusetzen. In diesem Sinn ist die Entwicklungszusammenarbeit nicht einfach ein ethisches Gebot der Solidarität mit den Armen, sondern auch eine menschenrechtliche Verpflichtung. In der Praxis unterstützt die Entwicklungszusammenarbeit die Benachteiligten darin, ihre Menschenrechte, die oft auch durch die nationalen Rechtstexte übernommen wurden, einzufordern und durchzusetzen.

3. **Entwicklung ermöglichen:** Die Entwicklungszusammenarbeit fördert die Selbsthilfe der Benachteiligten, insbesondere der Frauen, und unterstützt sie darin, selber für ihre Rechte, Bedürfnisse und Interessen einzustehen. Sie geht dazu langfristig vor und ist auf Wirkungsorientierung, Nachhaltigkeit und Kontinuität bedacht. Um dieses Ziel zu erreichen, arbeitet sie mit jenen lokalen Organisationen,

Bewegungen und Behörden zusammen, die willens sind, im Interesse der Benachteiligten Einfluss auf die wirtschaftlichen und gesellschaftlichen Verhältnisse zu nehmen und Entwicklungsprozesse in Gang zu bringen.

4. Für Frieden einstehen: Die Entwicklungszusammenarbeit engagiert sich in ihren Programmen für Gerechtigkeit, Rechtsstaatlichkeit und Frieden. Wo die Sicherheit von Menschen in Gefahr ist, die Menschenrechte mit Füßen getreten werden, die Zivilbevölkerung zum Opfer von Gewalt und Krieg wird, wo Bevölkerungsgruppen verfolgt und umgebracht werden, setzt sich die Entwicklungszusammenarbeit für die Einhaltung rechtsstaatlicher Prinzipien und für gerechte, friedliche und menschenrechtskonforme Lösungen solcher Krisen ein. Sie lässt von Gewalt und Vertreibung Betroffenen, meistens Frauen und Kindern, Schutz und Unterstützung zukommen. Bei all ihren Aktivitäten ist sich die Entwicklungszusammenarbeit bewusst, dass sie sich möglicher negativer Folgen ihres Handelns zu stellen hat, und versucht, solche wenn immer möglich auszuschließen (*do no harm*).

5. Geschlechtergerechtigkeit als Grundlage für Entwicklung fördern: Geschlechtergerechtigkeit ist Conditio sine qua non für Entwicklung und Armutsbekämpfung. Frauen und Mädchen werden weltweit in der Wahrnehmung ihrer sozialen, politischen und ökonomischen Rechte diskriminiert. Die Förderung der Rechte von Frauen muss entsprechend als eigenständige entwicklungspolitische Zielsetzung, aber auch als Schlüssel zu einer nachhaltigen sozialen und ökonomischen Entwicklung und der Armutsreduktion gesehen werden. Entwicklungsprogramme sollen unter Berücksichtigung der Geschlechterfrage geplant werden und systematisch auf mehreren Ebenen ansetzen, um so geeignete politische und soziale Strukturen und Rahmenbedingungen für eine Gleichstellung der Geschlechter herzustellen. Frauen und Männer sollen zudem gleichberechtigten Zugang zu den Leistungen von Entwicklungsprojekten haben und diese gleichberechtigt mitgestalten können. Die Entwicklungszusammenarbeit unterstützt die Bemühungen, in den staatlichen Verwaltungen Instrumente des Gender-Budgeting einzuführen.

6. **Die Lebensgrundlagen bewahren und Zugangsrechte sichern:** Die Entwicklungszusammenarbeit richtet ein besonderes Augenmerk auf die Bewahrung der Lebensgrundlagen, der globalen öffentlichen Güter (wie Klima, Biodiversität, Wälder und Meere) ebenso wie der elementaren lebensnotwendigen Ressourcen für alle Menschen (wie Wasser, Böden, Luft und Rohstoffe). Sie setzt dabei neben Schutzmaßnahmen auf eine effiziente und schonende Nutzung der Lebensgrundlagen sowie auf die Förderung umweltgerechter Technologien und erneuerbarer Energien. Darüber hinaus zielt die Entwicklungszusammenarbeit auf eine gerechte Verteilung von lebensnotwendigen Ressourcen für alle Menschen und auf die Sicherung von Zugangsrechten für alle. Gesicherte Landtitel für Frauen sind beispielsweise ein wichtiges Instrument, um dem Recht auf Nahrung auf dem Land zum Durchbruch zu verhelfen.

Konzentration auf das, was Entwicklungszusammenarbeit kann

7. **Die Millenniums-Entwicklungsziele ins Zentrum stellen:** Die Schweiz soll ihre Entwicklungszusammenarbeit auf die Agenda konzentrieren, welche mit den Millenniums-Entwicklungszielen international vereinbart worden ist. Diese stellen eine große, politisch realistische Chance dar, dass ein größerer Teil der Entwicklungsbudgets als bisher tatsächlich für die benachteiligten Bevölkerungsschichten und die ärmeren Länder aufgewendet wird. Zwar steht die Schweiz in Sachen Armutsorientierung ihrer Entwicklungszusammenarbeit besser da als andere Geberländer. Trotzdem ist sie aufgefordert, ihre begrenzten Mittel stärker auf die Erreichung der Millenniumsziele zu konzentrieren.

8. **Die Praxis- und Basisorientierung beibehalten:** Die Schweiz soll den starken Praxis- und Basisbezug, den ihre Entwicklungszu-

sammenarbeit bisher hatte, als ihre spezifische Stärke, ihren »Mehrwert« pflegen, mit dem sie sich von vielen anderen Gebern unterscheidet. Sie soll den politischen Dialog und die Programme, die sie unterstützt, so konzipieren, dass die direkt Begünstigten, Behörden aller Ebenen, zivilgesellschaftliche Organisationen, soziale Interessengruppen und lokale Unternehmen einbezogen werden. Sie soll ihr Wissen über die Vorgänge in den Regionen und an der Basis sowie über die Interessen ihrer lokalen Partner benutzen, um systematisch den politischen Dialog mit den Empfängerregierungen und anderen Gebern zu beeinflussen.

9. **Die Unabhängigkeit zivilgesellschaftlicher Bewegungen fördern:** Heute setzen die Geber wieder auf die Stärkung des Staats und der Institutionen der Entwicklungsländer und korrigieren damit frühere Fehler. Dennoch soll die Schweiz in ihrer Arbeit berücksichtigen, dass eine eigenständige, von der Staatsmacht möglichst unabhängige, vielfältige Zivilgesellschaft für Entwicklungserfolge ebenso unerlässlich ist wie eine unabhängige Presse und Demokratie. Entsprechend soll sie einen Teil ihrer Mittel für deren Förderung reservieren und dazu vorzugsweise über die privaten Hilfswerke arbeiten.

10. **Frauenorganisationen direkt unterstützen:** Die Stärkung und Emanzipation der Frauen ist für alle Entwicklungsprozesse zentral. Deshalb integrieren die AkteurInnen der Entwicklungszusammenarbeit die Genderfrage in ihre Programme. Die Schweiz soll zusätzlich dazu Frauenorganisationen direkt unterstützen, die sich in ihren Ländern oder überregional für die Emanzipation der Frauen einsetzen. Die Integration der Genderfrage in die Programme ist kein Ersatz dafür, hat aber zu einer merklichen Kürzung solcher Unterstützungsbeiträge geführt. Es gibt keine wirksame Genderpolitik, wenn nicht Frauenorganisationen selber die Sache vorantreiben können.

11. **Regierungshilfe an Bedingungen knüpfen:** Falls schweizerische Entwicklungsgelder direkt an die Regierungen von Entwicklungsländern gehen, müssen Bedingungen erfüllt oder Prozesse nach-

weislich in Gang sein: So sollten die Regierungen Transparenz, Verantwortungsbewusstsein und Rechenschaftspflichtigkeit gegenüber ihren Bevölkerungen zeigen beziehungsweise nachweislich Verbesserungen in diesen Bereichen anstreben. Sie sollten gewillt sein, staatliche Dienstleistungen für die Bevölkerung aufzubauen, öffentliche Debatten und Dissens zuzulassen und die Korruption zu senken. Die Schweiz soll keine Entwicklungsgelder einsetzen, um das Überleben von repressiven oder kleptokratischen Regimen künstlich zu verlängern, und sich solchen Begehren seitens großer Geberländer widersetzen.

12. Die politische Zusammenarbeit mit Schwellenländern nicht mit Entwicklungsgeldern finanzieren: Entwicklungsländer mittleren Einkommens und sogenannte Schwellenländer sind keine klassischen Zielländer der schweizerischen Entwicklungszusammenarbeit. Trotzdem besteht ein entwicklungspolitisches Interesse an einer Zusammenarbeit in Fragen des Klimaschutzes, der regionalen und globalen Friedenssicherung und allenfalls der Entwicklungszusammenarbeit, sofern diese Länder auch selber als Geber auftreten. Für solche policy-Aufgaben sollen im Budget der Deza und der Politischen Abteilung IV begrenzte Mittel zur Verfügung stehen. Die vom Bundesrat gewünschten »strategischen Partnerschaften« und andere Kooperationsprogramme mit Schwellenländern in wirtschaftlichen, technologischen, wissenschaftlichen oder kulturellen Fragen sind hingegen keine Entwicklungszusammenarbeit und sollen aus anderen Budgets finanziert werden. In den Schwellenländern, die durch starke gesellschaftliche Ungleichheit geprägt sind und wo Hunderte Millionen in bitterster Armut leben, kann die Schweiz indirekt über die privaten Hilfswerke Programme der Armutsbekämpfung und der Stärkung der Benachteiligten unterstützen.

»Paris Deklaration«: Mitarbeit unter Beibehaltung schweizerischer Stärken

13. Die »Paris-Deklaration« bedingt unterstützen: Die Schweiz soll bei der »Paris Deklaration« der OECD-Geberländer (siehe S. 162 ff.) die Zielsetzungen einer besseren Koordination der Entwicklungszusammenarbeit, der drastischen Vereinfachung des Monitoring und der Evaluation und der Ausrichtung der Entwicklungszusammenarbeit auf die Entwicklungsprogramme und Institutionen der Empfängerländer unterstützen.

14. *Ownership* stärken: Die Schweiz soll in der neuen Zusammenarbeitsarchitektur Wert darauf legen, dass die lokalen Entwicklungspläne und die Staatsbudgets einer öffentlichen Debatte unterworfen und durch die Parlamente bearbeitet, verändert und entschieden werden. Des Weitern setzt sie sich für ein wirksames öffentliches Monitoring der Umsetzungsprozesse ein. Die Schweiz wirkt unter den Gebern darauf hin, dass nicht den Gebern nahestehende Fachpersonen die Entwicklungspläne, Armutsreduktionsstrategien usw. entwerfen und evaluieren, sondern Fachkräfte der Regierungen, der lokalen Universitäten und zivilgesellschaftlicher Organisationen. Sie setzt sich unter den Gebern dafür ein, dass die Sicht der Empfänger Vorrang vor der Agenda der Großgeber (EU, USA usw.) hat und dass Entwicklungszusammenarbeit in gleichberechtigter Partnerschaft geschieht.

15. Die Eigenständigkeit zivilgesellschaftlicher Bewegungen sichern: Ein eigenständiges, nicht der Regierung unterworfenes Handeln zivilgesellschaftlicher Organisationen wird durch die »Paris Deklaration« nicht ausdrücklich stipuliert. Vielerorts herrscht eher die Erwartung, dass die NGOs der Empfängerländer von nun an nur noch als Erfüllungsgehilfen der Entwicklungspläne ihrer Regierungen fungieren und ihre Finanzen über das Budget der Empfängerregierung erhalten. Das würde das Ende der – oft ohnehin zarten – Unabhängigkeit zivilgesellschaftlicher Organisationen bedeuten. Die Schweiz soll sicherstellen, dass die »Paris Deklaration« in diesem

Punkt korrigiert wird. Sie selber soll einen Teil ihrer Budgets separat zur Unterstützung zivilgesellschaftlicher Bewegungen in den Empfängerländern verwenden und die anderen Geber auf ein vergleichbares Handeln drängen.

16. **Verlässlichkeit verbessern und gegenseitige Rechenschaftspflicht einführen:** Die Schweiz soll sich im Rahmen der »Paris Deklaration« dafür einsetzen, dass nicht nur die Rechenschaftspflicht der Empfängerregierungen gegenüber den Geberländern eingefordert wird, sondern vor allem diejenige gegenüber ihren Parlamenten und der eigenen Bevölkerung. Sie soll des Weitern darauf hinarbeiten, dass auch die Geber gegenüber den Empfängerländern Rechenschaft ablegen: Die Geber sollten dazu ihre Absichten, Pläne und Mitfinanzierungen von Regierungsvorhaben der Öffentlichkeit der Empfängerländer bekannt machen und in geeigneter Form zur Diskussion stellen. Schließlich soll die Schweiz die koordinierten Geber darauf drängen, realistische Hilfezusagen abzugeben und die realen Zahlungen stetiger und viel zuverlässiger zu leisten, als das bisher der Fall ist.

17. **Selektiv an Budget- und Sektorhilfe partizipieren:** Die Schweiz soll sich in ausgewählten Empfängerländern, deren Regierungen den Kriterien der guten Regierungsführung nachkommen, mit begrenzten Mitteln an der Budgethilfe beteiligen. Sie soll auch auf eine Verbesserung des Instrumentariums hinwirken, mit dem sichergestellt werden kann, dass das Budget politisch transparent erarbeitet wird, seine Mittel zu den vorgesehenen Behörden und Regionen gelangen und den vorgesehenen Zwecken zugeführt werden. Im ähnlichen Sinne beteiligt sie sich an Sektorhilfe.

18. **Unterschiede der Geberländer einkalkulieren:** Die Schweiz bringt in die Geberkoordination ihre Stärke, den Basis- und Regionalbezug, ein. Sie gestaltet ihre Mitarbeit in der Geberkoordination im Bewusstsein der verschiedenen politischen Agenden der einzelnen Geber und bewahrt ihre Unabhängigkeit gegenüber eigennützigen Zielsetzungen, welche andere Geber mit ihrer Entwicklungszusammenarbeit verknüpfen.

Neue Pisten in der multilateralen Entwicklungs-zusammenarbeit

19. **Beteiligung selbstverständlich:** Die Schweiz soll sich, entsprechend dem Prinzip der fairen Lastenteilung, an der multilateralen Entwicklungszusammenarbeit der Uno, der Weltbank und der Regionalbanken beteiligen. Sie soll ihre Stärken und Eigenheiten aktiv einbringen. Ihre Zielsetzung sollte es sein, den Nutzen der Empfänger ins Zentrum der multilateralen Programme zu stellen. Sie soll die berechtigten Anliegen der Entwicklungsländer oder der betroffenen Bevölkerungsgruppen in den Entscheidungsorganen der multilateralen Organisationen unterstützen. Es ist hingegen nicht der Zweck der schweizerischen Beteiligung, schweizerische Wirtschaftsinteressen zu vertreten, wie dies neuerdings diskutiert wird.

20. **Neuen Entwicklungen offen gegenüberstehen:** Die Schweiz soll in den laufenden Diskussionen Position ergreifen für den Rückzug des Internationalen Währungsfonds (IWF) aus der Entwicklungsfinanzierung und für eine größere Konzentration der Weltbank und der Regionalbanken auf die ärmeren Länder. Sie soll der Entwicklung neuer, ausschließlich auf die Entwicklungsländer gestützter Entwicklungsfinanzierungs-Institutionen wie des Banco del Sur oder des in Ostasien in Diskussion befindlichen Finanzierungsmechanismus positiv gegenüberstehen und bereit sein, die Rolle der Weltbank entsprechend zu überdenken und zu relativieren.

21. **Die wirtschaftspolitischen Konditionalitäten abschaffen:** Die Schweiz soll sich zusammen mit anderen (zum Beispiel Norwegen) für die Abschaffung der wirtschaftspolitischen Konditionen einsetzen, welche Weltbank und IWF nach wie vor verlangen und die auf Verlangen der Geber in jedem nationalen Entwicklungs- oder Armutsreduktionsplan figurieren. Es ist unverständlich und unverantwortlich, nach 25 Jahren negativer Erfahrungen (kein erfolgreiches Entwicklungsland war diesen Konditionalitäten unterworfen) damit weiterzufahren, als hätte die Weltbank nicht selber eingestanden, dass die vorgeschriebenen Politiken nicht den Erfolg gebracht haben, den man sich erhoffte.

22. Weltbank auf Klimakohärenz verpflichten: Die Schweiz soll sich dafür einsetzen, dass die Weltbank und die Regionalbanken ihr großes, im Ausbau befindliches Engagement für die Finanzierung fossiler Energien zurückschrauben und stattdessen die erneuerbaren Energien und dezentrale Energieversorgungssysteme massiv unterstützen. Desgleichen soll sie dafür sorgen, dass die negativen sozialen und ökologischen Folgen von Großprojekten (z. B. von Großstaudämmen) wieder stärker gewichtet werden und den Betroffenen auf internationaler Ebene größeres Gehör geschenkt wird. Sie soll bereit sein, dem auch in der OECD-Gruppe der Exportrisikoversicherungen zum Durchbruch zu verhelfen, und sie in den eigenen Exportrisikoversicherungs-Entscheiden tatsächlich umsetzen.

23. Weltbank und IWF demokratisieren: Die Schweiz soll in der Weltbank und im IWF der Veränderung der Entscheidungsmacht zugunsten der Entwicklungsländer keinen (passiven) Widerstand mehr entgegensetzen, sondern aktiv die Demokratisierung dieser Institutionen fördern. Die bislang begangenen Wege der »Stimmrechtsreform« versprechen allerdings nur geringfügige Verschiebungen zugunsten ausgewählter Schwellenländer. Die Schweiz soll deshalb den Vorschlag einer doppelten Mehrheit unterstützen, den kürzlich auch der neue IWF-Direktor Dominique Strauss-Kahn aufgebracht hat: Für Entscheidungen der Weltbank und des IWF wären künftig sowohl Mehrheiten der Gläubiger- als auch der Schuldnerländer nötig. Das ist ein Entscheidungsverfahren, das sich im Montreal-Protokoll und in der Globalen Umweltfazilität (GEF) schon praktisch bewährt hat.

Für ein höheres, zielgerichtetes und transparentes Entwicklungsbudget

24. Ein Entwicklungsbudget anstreben, das der Globalisierungsgewinnerin Schweiz angemessen ist: Die Schweiz gehört zur Minderheit der Industrie- und Entwicklungsländer, die von der gegenwärtigen globalisierten Weltwirtschaft profitieren, und ist entsprechend eines der reichsten Länder der Welt. Sie ist deshalb aufgefordert, ihr Entwicklungsbudget, wie es die Millenniumsdeklaration der Uno verlangt, bis 2015 zu erhöhen. Sie orientiert sich dabei an der Europäischen Union und hebt ihr Budget bis 2015 sukzessive auf 0,7 Prozent des Bruttonationaleinkommens an.

25. Neue Instrumente der Entwicklungsfinanzierung prüfen: Die Schweiz hat sich der Diskussion sämtlicher Vorschläge für innovative Mechanismen zur Entwicklungsfinanzierung verweigert. Als bedeutende Akteurin in multilateralen Institutionen ist es auch aus Gründen der eigenen Reputation unerlässlich, die Diskussionen um eine Devisentransaktionssteuer, eine Flugticketabgabe, die Besteuerung von Flug- und Schiffsverkehr usw. aktiv mitzuverfolgen und in entsprechenden internationalen Gremien proaktiv mitzuwirken. Die Schweiz soll diese innovativen Mechanismen prüfen und unterstützen und aktiv in Gremien wie dem Uno-Komitee für internationale Zusammenarbeit in Steuerfragen mitarbeiten.

26. Die schleichende Erosion der bilateralen Entwicklungszusammenarbeit rückgängig machen: Da die Schweiz eine wirksame bilaterale Entwicklungszusammenarbeit leistet, soll sie nicht mehr Mittel in die multilaterale Entwicklungszusammenarbeit einbringen. Das entspricht einem breiten Konsens. Gemäß ihrer Strategie will die Schweiz ein Drittel des Budgets für multilaterale und zwei Drittel für bilaterale Entwicklungszusammenarbeit aufwenden. In der Praxis steht das bilaterale Budget aber unter Druck. Der Grund: steigende Finanzierungsbedürfnisse der Multilateralen und ein stagnierendes Entwicklungsbudget des Bundes. Weil die Schweiz ihren Exekutivsitz in Weltbank und IWF halten will, bringt sie die entsprechenden Finanzen auf – aber auf Kosten der bilateralen Entwicklungszusammenarbeit! Das schweizerische Entwicklungsbudget ist jedoch nicht dazu da, die Exekutivsitze in der Weltbank und im IWF zu verteidigen. In diesem Sinne soll sich die Schweiz nur dann an der multilateralen Entschuldungsinitiative der Weltbank beteiligen, wenn sie dafür zusätzliche Mittel aufzubringen bereit ist.

27. **Außenpolitische und außenwirtschaftliche Operationen nicht über das Entwicklungsbudget finanzieren:** Die Schweiz soll sich international dafür einsetzen, dass die Gelder, welche als Entwicklungshilfe ausgegeben werden, auch tatsächlich für Entwicklungszwecke eingesetzt werden. Entsprechend soll sie keine eigenen entwicklungsfremden außenpolitischen und außenwirtschaftlichen Operationen aus dem Entwicklungsbudget finanzieren. Für solche Operationen sollen, wenn sie für wünschenswert gehalten werden, separate Budgets geschaffen werden.

28. **Das Entwicklungsbudget transparent halten:** Um im internationalen Vergleich der Ausgaben für die Entwicklungszusammenarbeit nicht benachteiligt zu sein, hält sich die Schweiz an die jeweils geltenden Rechnungslegungsregeln der OECD, die sie im Sinne von Punkt 27 allerdings zu verschärfen suchen sollte. Gleichzeitig soll sie ihr eigenes Entwicklungsbudget so transparent machen, dass die Verwendungszwecke sichtbar werden und Budgetbestandteile, die nichts mit Entwicklungszusammenarbeit zu tun haben, erkennbar werden.

Abkürzungsverzeichnis

BIP   Bruttoinlandprodukt (siehe BNE)

BNE   Bruttonationaleinkommen. Entspricht dem alten Begriff Bruttosozialprodukt und umfasst das im Inland erarbeitete Wirtschaftsprodukt (BIP) plus die im Ausland erarbeiteten repatriierten Gewinne minus die durch ausländische Wirtschaftsakteure in der Schweiz erarbeiteten und ins Ausland abfließenden Gewinne.

BRIC   Brasilien, Russland, Indien, China. Mit dem Terminus »BRIC-Länder« werden die bevölkerungsstarken aufstrebenden Märkte bezeichnet.

CDU   Christlich-Demokratische Union Deutschlands

CO_2 Kohlenstoffdioxid

CPIA   Country Policy and Institutional Assessment

DAC   Development Assistance Committee bzw. Entwicklungsausschuss der Geberländer der OECD (s.d.)

Deza   Direktion für Entwicklung und Zusammenarbeit, die staatliche Entwicklungsagentur des Schweizer Aussenministeriums

FDP   Freie Demokratische Partei Deutschlands

IDA   International Development Association, Weltbanktochter für die ärmsten Länder

ILO   International Labour Organization bzw. Internationale Arbeitsorganisation

IPCC   Intergovernmental Panel on Climate Change bzw. Klimapolitischer Sachverständigenrat der Uno

IWF   Internationaler Währungsfonds

LICUS   Low Income Countries under Stress (= fragile Staaten)

MCA   Millennium Challenge Account, neue US-Entwicklungsagentur

NGO	Nongovernmental Organization bzw. Nichtregierungsorganisation
ODI	Overseas Development Institute, London
OECD	Organisation for Economic Co-Operation and Development. Die OECD ist eine Vereinigung der alten Industrieländer. Neu aufgenommen wurden auch ein paar Schwellenländer wie Südkorea oder Mexiko.
PPP	Purchasing Power Parity bzw. Kauftkraftparität. Kaufkraft- und damit Wohlstandsvergleiche zwischen verschiedenen Ländern werden in kaufkraftgewichteten, sogenannten PPP-Dollars ausgedrückt.
PRS	Poverty Reduction Strategies bzw. Armutsreduktionsstrategien
Seco	Staatssekretariat für Wirtschaft. Im Seco ist die zweite staatliche Entwicklungsorganisation der Schweiz angesiedelt.
UNDP	United Nations Development Program, die Entwicklungsorganisation der Uno
WHO	World Health Organisation bzw. Weltgesundheitsorganisation
WTO	World Trade Organisation bzw. Welthandelsorganisation

Anmerkungen

1   William Easterly, *Wir retten die Welt zu Tode. Für ein professionelleres Management im Kampf gegen die Armut*, Frankfurt a. M. 2006, S. 20.

2   Peter Niggli, *Nach der Globalisierung. Entwicklungspolitik im 21. Jahrhundert*, hg. von der Arbeitsgemeinschaft Swissaid, Fastenopfer, Brot für alle, Helvetas, Caritas, Heks, Zürich 2004.

3   Suketu Mehta, *Bombay – Maximum City*, Frankfurt a.m. 2006, S. 43.

4   Als alte Industrieländer bezeichnen wir die Länder Westeuropas und Nordamerikas sowie Australien, Neuseeland und Japan. Das DAC (Development Assistance Committee) definiert den Status des Empfängerlandes nach der Wirtschaftskraft. Deshalb dürfen Hilfeleistungen an einzelne europäische Länder als Entwicklungshilfe angerechnet werden. Während des Kalten Kriegs waren dies etwa Jugoslawien, nach dem Zusammenbruch des sowjetischen Imperiums alle osteuropäischen Länder. In der 2008 gültigen Liste figurieren Länder, die 2004 ein Pro-Kopf-Produkt von weniger als 10065 Dollar hatten. Die Liste wird Ende 2008 neu ausgehandelt.

5   *Spiegel online*, 27.7.2007: »Politiker fordern Entwicklungshilfe-Stopp für China«. Andere CDU-Politiker widersprachen. In Deutschland wird die Frage seit 2004 diskutiert. *Neue Zürcher Zeitung*, 8.11.2007: »›Freundschaftspakt‹ mit Indien soll erneuert werden«. *Blick*, 10.11.2007: »Indien ist auf dem Weg zur Grossmacht. Deutschland und die Schweiz wollen neue, interessenorientierte Beziehungen mit China, Indien und anderen sogenannten ›Ankerländern‹ pflegen.

6   Zahlen: Weltbank, *World Development Report*, 2008; IMF, World Economic Outlook database.

7   »Industrieländer« umfasst Westeuropa, Kanada, USA, Australien, Neuseeland und Japan. Asien ist entsprechend ohne Japan gerechnet. Quelle: Angus Maddison: World Population, GDP and Per Capita GDP, 1-2003 AD, http://www.ggdc.net/maddison.

8   World Bank, International Comparison Program, Data. Angus Maddison, dessen Daten wir für die Quervergleiche benutzen, hat die Daten Chinas konstant nach unten korrigiert und dürfte damit näher am neuen Bild liegen. Siehe auch: Asian Development Bank, *PRC, India Lagging in Economic Well Being*, Living Standards-Study, 31.7.2007.

9   Paul Collier, *The Bottom Billion. Why the Poorest Countries are Failing and What Can Be Done*, New York 2007, S. 3. Collier hatte bis 2003 die Forschungsabteilung der Weltbank geleitet, ist seither Professor in Oxford und beriet unter anderen Tony Blairs Afrikakommission.

10   David Landes, *Wohlstand und Armut der Nationen. Warum die einen reich und die anderen arm sind*, Berlin 1999, S. 16.

11   Alle Zahlen gelten für 2004 und stammen aus dem *Millennium Development Goals Report 2007*, Uno, New York 2007, S. 6. Bezogen auf die ganze Weltbevölkerung lebten

1990 24 und 2004 15 Prozent mit weniger als einem Dollar. Gerechnet wird mit dem kaufkraftgewichteten Dollar von 1993.

12 Zahlen aus *2006 World Population Data Sheet*. Löhne: ILO, *Key Indicators of the Labour Market (KILM)*, Online, 5. Ausgabe: KILM 20 (besucht am 29.10.2007).

13 FAO, *Food Security Statistics*, Stand 2006, http://www.fao.org/es/ess/faostat/foodsecurity/index_en.htm. Bevölkerung: Population Reference Bureau, *2006 World Population Data Sheet*, Washington, www.prb.org.

14 FAO, *The State of Food Insecurity in the World 2005*, Rom, S. 20.

15 *2006 World Population Data Sheet*.

16 *International Herald Tribune*, »China shrinks«, 10.12.2007.

17 Bernhard Imhasly, »Die Millenniumsziele der Uno in weiter Ferne«, *Neue Zürcher Zeitung*, 16.10.2007.

18 Ostasien umfasst China, Indien, Indonesien, Philippinen, Südkorea, Thailand, Taiwan, Bangladesch, Burma, Hongkong, Malaysia, Nepal, Pakistan, Singapur, Sri Lanka und Japan. Das Pro-Kopf-.Einkommen ist überhöht, weil Japan mitgerechnet ist. Die Wachstumsdynamik ist jedoch vergleichbar bzw. wird vor 1980 durch Japan beschleunigt und nach 1980 gebremst. Der Nahe Osten umfasst auch die Türkei und den Iran. Quelle: Angus Maddison.

19 Länderlisten nach Alice Amsden, *The Rise of the »Rest«. Challenges to the West from Late-Industrializing Economies*, New York 2001. Gruppe 1: Seiten 1–28; Gruppe 2: 292f. Gruppe 2 umfasst Länder mit hohem Manufakturwachstum von 1950 bis 1995, plus Vietnam. Berechnungen nach Maddison.

20 Wir haben Südafrika der Vollständigkeit halber in Klammern auf die Liste gesetzt, aber die (Teil-)Industrialisierung Südafrikas erfolgte durch einen europäischen Siedlerstaat, vergleichbar den USA oder Kanada.

21 Chiles Pro-Kopf-Produkt betrug 1989, am Ende der Militärdiktatur Pinochets (1973–1989), nur 96 Prozent desjenigen von 1972. Der große Aufschwung kam erst danach (1989–2003: + 209 Prozent).

22 Vgl. Paul Krugmann, »The Myth of Asia's Miracle«, in: *Foreign Affairs*, November/December 1994, S. 62f.

23 Aus der reichen Literatur siehe Janine R. Wedel, *Collision and Collusion. The Strange Case of Western Aid to Eastern Europe 1989-1998*, New York 1998, S. 121ff. Joseph Stiglitz, *Die Schatten der Globalisierung*, Berlin 2002, S. 158ff. William Easterly, *The White Man's Burden*, New York 2006, a.a.O., S. 61ff.

24 Siehe Bruno Gurtner, »Verkehrte Welt: Der Süden finanziert den Norden«, in: *Schweizerisches Jahrbuch für Entwicklungspolitik*, Band 26, Nr. 2, 2007, S. 61ff. hg vom Institut universitaire d'études du développement, Genf.

25 Branko Milanovic, *Worlds Apart. Measuring International and Global Inequality*, Princeton N.J. 2005, S. 78ff. Dani Rodrik, *Where did all the Growth Go? External Shocks, Social Conflict, and Growth Collapses*, Online-Version 1998, http://ksghome.harvard.edu/~drodrik.

26 *Economist*, »Asia's rich and poor. Income inequality in emerging Asia is heading towards Latin American levels«, 11.8.2007. Asian Development Bank, *The Millennium Development Goals: Progress in Asia and the Pacific 2007. Economist*, »A Workers' manifesto for China«, 13.10.2007. Die Lohnquote ist auch in den alten Industriestaaten in den letzten 25 Jahren stetig gesunken, aber auf viel höherem Niveau: In den USA von 69,9 Prozent (1975–1979) auf 66 Prozent (2001–2006), in der EU-15 von 75,2 auf 66,7 Prozent. In: Jürg Huffschmid, »Jenseits der Spekulationskrise«, in: *Blätter für deutsche und internationale Politik*, Nr. 11, 2007, S. 1335.

27 Siehe Praveen Jha, Mario Negre, »Der Preis des Wunders. Indien zwischen wirtschaftlichem Aufstieg und sozialem Abstieg«, in: *Blätter für deutsche und internationale Politik*, Nr. 11, 2007, S. 1245–1256.

28 *2006 World Population Data Sheet*, Berlin Institut für Weltbevölkerung und globale Entwicklung, http://www.berlin-institut.org/pages/fs/fs_bev_entw_fertilitaet_wachstum.html.

29 *World Migration Report 2005*, hg. von International Organization for Migration, Genf, S. 396, 399.

30 Pan Yue ist Vizeminister der State Environmental Protection Administration, China. Zit. in Elisabeth Economy, »The Great Leap Backward? The Costs of China's Environmental Crisis«, *Foreign Affairs*, September/October 2007, S. 38.

31 Gerechnet sind nur die CO_2-Emissionen durch den Verbrauch von Erdöl, Erdgas und Kohle. Energy Information Administration, *International Energy Annual 2005*, Online, posted September 2007.

32 UNDP, *Human Development Report 2006*, Tabelle 21.

33 Die USA und Australien haben das Protokoll zwar unterzeichnet, aber nicht ratifiziert. Allerdings kündigte die neue Labour-Regierung Australiens an der Klimakonferenz in Bali 2007 an, den Kioto-Vertrag ratifizieren zu wollen. Die Klimafrage hat zum Sturz der konservativen Howard-Regierung beigetragen. In den Klimaverträgen geht es nicht nur um die CO_2-Emissionen, sondern auch um fünf andere Treibhausgase, welche die Konsumtion von fossiler Energie freisetzt. Wir sprechen hier der Einfachheit halber immer von CO_2.

34 IPCC, Working Group I Report »The Physical Science Basis«, Summary for Policymakers, S. 13, 18, *Fourth Assessment Report, 2007*, Genf. Wir beziehen uns auf die Szenarien B1 und A1FI. In allen Szenarien wird von einem Bevölkerungswachstum bis in die Mitte des Jahrhunderts und anschließender Stagnation bzw. leichtem Rückgang ausgegangen (www.ipcc.ch).

35 IPCC: Working Group II Report »Impacts, Adaptation and Vulnerability«, S. 435ff, *Fourth Assessment Report,* Genf 2007, Andrew Revkin, »For high-risk nations little help on climate«, *International Herald Tribune*, 2.4.2007.

36 IPCC: Working Group II Report »Impacts, Adaptation and Vulnerability«, S. 471ff, *Fourth Assessment Report,* Genf 2007.

37 *Radio China International*, 29.10.2007. Keith Bradsher, David Barboza, »Pollution from Chinese Coal Casts a Global Shadow«, *New York Times*, 11.6.2006. Jim Yardley, »Chine-

se dam projects criticized for their human costs«, *China Environmental News Digest*, 19.11.2007. Dai Qing, »Thirsty Dragon at the Olympics«, in: *The New York Review of Books*, 6. December 2007, S. 8f. Elisabeth Economy, »The Great Leap Backward? The Costs of China's Environmental Crisis«, in: *Foreign Affairs*, September/October 2007, S. 38 ff.

38   *Clean Energy and Development: Towards an Investment Framework*, World Bank Environmentally and Socially Sustainable Development and Infrastructure Vice Presidencies, Washington DC 2006. Oxfam, »Adapting to climate change. What's needed in poor countries, and who should pay«, *Briefing Paper No. 104*, 2007.

39   Jeffrey Sachs, *Das Ende der Armut. Ein ökonomisches Programm für eine gerechtere Welt*, München 2005, S. 14.

40   OECD-DAC, *Shaping the 21st Century: The Contribution of Development Co-operation*, Paris 1996.

41   Siehe http://www.un.org/millenniumgoals/index.html.

42   Dass die ökonomischen Ideen hinter dem *big push*-Konzept nicht einfach Unsinn sind, erörtert Paul Krugman, »The Fall and Rise of Development Economics«, in: *Rethinking the Development Experience, Essays provoked by Albert O. Hirschman*, Lloyd Rodwin, Donald Schön (Eds.), Washington, Cambridge MA, 1994, S. 39 ff. Die rasche Industrialisierung der ostasiatischen Länder kann man durchaus als *big push* theoretisieren. Allerdings haben diese Länder der Technologie, dem Management, der institutionellen Ausgestaltung und einer geeigneten Industrialisierungsstrategie große Aufmerksamkeit geschenkt.

43   UNO (Hg.), *Millennium Project: Investing in Development. A Practical Plan to Achieve the Millennium Development Goals*, Overview Report, Kapitel 4, New York 2005.

44   Alle Zahlen aus OECD, *International Development Statistics (IDS) online* (laufende Dollarwerte).

45   Seit 2003 zählt die Schweiz Entschuldungen mit, die bei der Exportrisikoversicherung anfallen, und seit 2004 rechnet sie Staatsausgaben zum Entwicklungsbudget hinzu, die mit Entwicklungshilfe nichts zu tun haben – wie etwa die Kosten für AsylbewerberInnen im ersten Jahr. Die Zahlen mit Korrektur geben die aufgeblähte Berechnungsweise wieder, die Zahlen ohne Korrektur führen die alte, seriösere Berechnungsweise weiter (siehe S. 57).

46   Richard Gerster, *Nord-Süd-Politik: Abschreiben oder investieren?*, Zürich 1995, S. 39f.

47   Eidgenössische Zollverwaltung, *Außenhandel nach Wirtschaftsräumen* (www.ezv.admin.ch). Schweizerische Nationalbank, *Zahlungsbilanz der Schweiz 2006* (www.snb.ch). Beat Kappeler, »Unser Bonus kommt aus dem Ausland«, in: *NZZ am Sonntag*, 16.12.2007. Martin A. Sullivan, »Offshore Exploration: Switzerland«, in: *Tax Notes*, December 20, 2007. (http://www.taxanalysts.com/www/freefiles.nsf/Files/117TN1002.pdf/$file/117TN 1002.pdf). Die schweizerische Armee plante im Zweiten Weltkrieg, sich im Falle eines deutschen Angriffs in den Alpenraum, das sog. Reduit, zurückzuziehen und dort Widerstand zu leisten.

48   Die Petition war bei Redaktionsschluss noch am Laufen. Siehe www.alliancesud.ch, www.gemeinsamgegenarmut.ch. Einsatz zusätzlicher Mittel: Alliance Sud, »Die Schweiz

soll sich stärker für die Millenniumsziele engagieren!«, www.alliancesud.ch/deutsch/files/T_Ek07-Arg2.pdf.

49 Joseph Stiglitz, »Overseas Aid is Money Well Spent«, *Financial Times,* 14.4.2002. Stieglitz war 1997 bis 2000 Vizepräsident der Weltbank.

50 William Easterly, *The White Man's Burden,* New York 2006, S. 176f. Das bezieht sich nicht nur auf die frühen Jahre. Von 1990 bis 2005 ist der Anteil der Kinder, welche eine Primarschule abschließen, von 63 auf 83 Prozent gestiegen (World Bank, *Global Monitoring Report 2007,* S. 68).

51 Ruth Levine and the What Works Working Group with Molly Kinder, *Millions Saved – Proven Successes in Global Health,* Center for Global Development, Washington 2004.

52 Margaret Chan, »Defeating Measles«, *International Herald Tribune,* 19.1.2007. Margaret Chan ist Generaldirektorin der Weltgesundheitsorganisation (WHO).

53 Vgl. z.B. Michael Mortimore, »Dryland development: Success stories from West Africa«, in: *Environment,* Jan–Feb 2005, Washington.

54 William Easterly, *The White Man's Burden,* a.a.O, S. 178. World Bank, *Global Monitoring Report 2007.*

55 Zit. in Uma Kothari (Ed.), *A Radical History of Development Studies,* London/New York 2005, S. 25.

56 Aus der reichen Literatur siehe z.B. Dani Rodrik, *One Economics, Many Recipes: Globalization, Institutions, and Economic Growth,* Princeton 2007.

57 In einer Rede vor der American Economic Association. Stanley Fischer, *Globalization and its Challenges,* 2003, S. 24, www.iie.com/fischer/pdf/fischer011903.pdf.

58 Jagdish Bhagwati, ein viel zitierter Verfechter des Freihandels und der Globalisierung, argumentiert wie viele andere Mainstream-Ökonomen seit Jahren gegen den »Freihandel« mit Kapital. Siehe Jagdish Bhagwati, *In Defense of Globalization,* New York 2004, S. 199ff.

59 Alliance Sud skizzierte eine entwicklungsförderliche internationale Architektur in den »Entwicklungspolitischen Leitlinien« von 2004, www.alliancesud.ch/deutsch/pages/P/P_AtEd.htm.

60 Emma Crewe, Elisabeth Harrison, *Whose Development? An Ethnography of Aid,* London/New York 1998, S. 158.

61 Ravi Kanbur, *The Economics of International Aid,* 2003, S. 3, www.people.cornell.edu/pages/sk145.

62 So Präsident Truman in seiner berühmten Rede 1949, in der die USA zu einem weltweiten Entwicklungsprogramm aufriefen. Zit. in Gilbert Rist, *The History of Development. From Western Origins to Global Faith,* London/New York/Kapstadt 1999, S. 71. Auch die schweizerischen Hilfswerke sprechen schon in ihren ersten Texten von »Hilfe zur Selbsthilfe«.

63 Zit. in Gilbert Rist, a.a.O., S. 70f.

64 Bis Anfang der Siebzigerjahre glaubten Entwicklungsorganisationen hierzulande, Frauen seien für den Entwicklungshelferberuf nicht geeignet.

65   So fasste Jean-François Giovannini, ein ehemaliger stellvertretender Chef der Deza, Mit
      te der Neunzigerjahre die Lehren der Entwicklungszusammenarbeit zusammen. Jean-
      François Giovannini, »Lehren aus der Vergangenheit«, in: Deza und Bawi (Hg.), *Entwick-
      lung / Développement*, Nr. 50, Bern 1996, S.2.

66   Thomas Möckli berichtet über die Kontroverse zum Thema bei Helvetas und zwischen
      den Hilfswerken in seiner Lizenziatsarbeit: *50 Jahre Helvetas. Inspiratorin schweizeri-
      scher Entwicklungszusammenarbeit im Spannungsfeld von struktureller Abhängigkeit
      und entwicklungspolitischer Vision*, Universität Freiburg, 2004, S.106f.

67   Ruedi Baumgartner, »Weltbilder – Leitbilder – Suchbilder in der Entwicklungszusammen-
      arbeit«, in: Ruedi Baumgartner, Rolf Kappel (Hg.), *Weltbilder in der Entwicklungszusam-
      menarbeit*, Festschrift, Zürich 1997, S.63. Die ETH Zürich bietet das Nachdiplomstudium
      für Entwicklungsländer (NADEL) an.

68   Emma Crewe, Elisabeth Harrison, *Whose Development? An Ethnography of Aid*, Lon-
      don/New York 1998.

69   Albert O. Hirschman, »Foreign Aid: A Critique and a Proposal«, in: Hirschman, *A Bias for
      Hope. Essays on Development and Latin America*, New Haven/London 1971, S.197.

70   Wenn im Folgenden von den Geberländern die Rede ist, sind die »alten« Industrielän-
      der gemeint. Daneben gibt es »neue Geber«, wie zum Beispiel einzelne Erdöl fördern-
      de Länder des Nahen Ostens oder China und Indien. Zu den neuen Gebern siehe Kapi-
      tel 9.

71   Zit. in Gilbert Rist, a.a.O., S.70.

72   US-Budget gemessen am BSP-Anteil: 1987: 0,2%. 1997: 0,09%. OECD, I*nternational
      Development Statistics online*. Tom Barry, *U.S. Isn't 'Stingy', It's Strategic*. 2005. *Policy
      Report*, January 7. International Relations Center IRC, www.irc-online.org.

73   World Bank, *World Development Report 1990*, S.127f. World Bank, *Assessing Aid. What
      Works, What Doesn't, and Why*, Washington D.C. 1998.

74   Aus der reichen Literatur siehe z.B. Alberto Alesina, David Dollar, *Who gives aid to whom
      and why?*, NBER Working Paper N. 6612, Cambridge (Mass.) 1998.

75   Alle Zahlen aus USAid, *U.S. Overseas Loans and Grants (Greenbook)*, http://qesdb.cdie.
      org/gbk/index.html.

76   Kunibert Raffer, Hans W. Singer, *The Foreign Aid Business. Economic Assistance and
      Development Co-Operation*, Cheltenham (UK) 1996. S.62.

77   Zahlen aus dem *Greenbook*. Insgesamt leisteten die USA zwischen 1946 und heute an
      Westeuropa sogenannte Wirtschaftshilfe im Betrag von 212,5 Milliarden, den allergröß-
      ten Teil vor 1962.

78   Vgl. z.B. Gustavo Canavire, Peter Nunnenkamp, Raner Thiele, Luis Triveno, *Assessing the
      Allocation of Aid. Development Concerns and the Self-Interest of Donors*, Kiel Working
      Papers, Nr. 1235, 2005. Diese Autoren benutzen wie viele andere die koloniale Bezie-
      hung als Indikator für die Orientierung am Eigennutzen der Geber.

79   Japans Reparationszahlungen: Leslie O. Omoruyi, *Contending Theories in Develop-*

ment Aid. Post-Cold War evidence from Africa, Hampshire/Burlington 2001, S. 107. Chinazahlen in Dollarwerten zu 2005 aus OECD, International Development Statistics online.

80 Erhard Eppler, Rezension von Heidemarie Wieczorek-Zeuls Buch Welt bewegen, in: Welt-Sichten, Nr. 0, Dezember 2007, Frankfurt a M., S. 20. Die ehemaligen deutschen Kolonien Kamerun, Tansania und Togo erhielten von Anfang an beträchtliche deutsche Hilfe, Namibia nach seiner Unabhängigkeit 1990.

81 Nach den Maßstäben der Kritiker der Entwicklungshilfe gerechnet, welche die ausbleibende Wirkung der Hilfe auf das Wirtschaftswachstum beklagen, machte es Ägypten allerdings nicht schlecht. Wie im ersten Kapitel gezeigt, erzielte Ägypten auch nach 1980 ein ansprechendes Pro-Kopf-Wachstum.

82 Ausnahmen sind lediglich die Weltbank und der IWF, wo sich die westlichen Geberländer eine Mehrheit sicherten.

83 Ilyana Kuziemko, Eric Werker, How Much Is a Seat on the Security Council Worth? Foreign Aid and Bribery at the United Nations, Working Paper 06-029, Harvard University, Cambridge (MA) 2006. Während der Sicherheitsratsjahre steigen auch die Uno-Zuwendungen, vor allem diejenigen der Unicef. Kuziemko/Werker führen dies auf den traditionell großen Einfluss der USA auf die Unicef zurück.

84 Der Faktor 10 gilt bis 1999. Seither erhalten die pazifischen Inselstaaten im Vergleich zu allen anderen Regionen immer noch vier bis fünf Mal mehr pro Kopf (OECD, International Development Statistics online).

85 Das USAid-Papier wurde der Konferenz »Effective Aid« des Overseas Development Institute (ODI) vorgelegt. Bericht in Teresa Hayter, »Secret diplomacy uncovered: research on the World Bank in the 1960s and 1980s«, in: Uma Kothari (Ed.), A Radical History of Development Studies, London/Kapstadt 2005, S. 89f.

86 Zahlen aus Mehrene Larudee, »Integration and income distribution under the North American Free Trade Agreement: the experience of Mexico«, in: Dean Baker, Gerald Epstein, Robert Pollin (Eds.), Globalization and Progressive Economic Policy, Cambridge (UK) 1998, S. 277.

87 Alice Amsden, Escape from Empire. The Developing World's Journey through Heaven and Hell, MIT, Cambridge (Mass.) 2007, S. 128.

88 Dani Rodrik, »Goodbye Washington Consensus, Hello Washington Confusion? A Review of the World Bank's Economic Growth in the 1990s: Learning from a Decade of Reform«, in: Journal of Economic Literature, Vol. XLIV (December 2006), S. 975.

89 Zit. in Susan George, Fabrizio Sabelli, Faith and Credit. The World Bank's Secular Empire, London/New York 1994, S. 60.

90 William Easterly, a.a.O., S. 69f.

91 Weltbank, Economic Growth in the 1990s: Learning from a Decade of Reform, Washington 2005.

92 Kunibert Raffer, Hans W Singer, The Foreign Aid Business, a.a.O., S. 6.

93 Alice Amsden, *Escape from Empire*, a.a.O., S. 60. Brigitte Ehrler, *Tödliche Hilfe. Bericht von meiner letzten Dienstreise in Sachen Entwicklungshilfe*, Freiburg i.Br. 1985, S. 85.

94 Actionaid International, *Real Aid. An Agenda for Making Aid Work*, 2005, S. 28, www. actionaid.org.uk.

95 Celia Dugger, »U.S. aid hurts instead of helps, charity says«, in: *International Herald Tribune*, 15.8.2007.

96 Actionaid International, a.a.O., S. 24, 28. Actionaid International, *Real Aid. Making Technical Assistance Work*, 2006, www.actionaid.org.uk.

97 Eurodad, *EU Aid: Genuine Leadership or Misleading Figures?*, Brüssel 2006.

98 In den Jahren 1983–1986 variierte er zum Beispiel zwischen 38 und 44 Prozent.

99 Jane Harrigan, Chengang Wang, *A New Approach to the Allocation of Aid Among Developing Countries: Is the USA more Selfish than the Rest?*, Discussion Paper 0412, School of Economic Studies, University of Manchester 2004.

100 Sanjay Reddy und Camelia Minoiu von der Columbia University publizierten 2006 einen entsprechenden Versuch: *Development Aid and Economic Growth: A Positive Long-Run Relation*, Columbia University, www.columbia.edu/~sr793/ReddyMinoiuAidandGrowth. pdf.

101 Das gesamte Wirtschaftsprodukt aller Entwicklungsländer lag 2006 nach Weltbankangaben bei 11000 Milliarden Dollar (Wechselkurse) oder 31000 Milliarden PPP-Dollar. Davon erzielten die Länder mit tiefem Einkommen 1500 bzw. 6500 Milliarden. Fünfzig Jahre Entwicklungshilfe im Gesamtbetrag von 2300 Milliarden macht 46 Milliarden pro Jahr (teuerungsbereinigte Wechselkursdollars).

102 Die 2300 Milliarden finden sich auch in Easterly, *The White Man's Burden*, a.a.O., S. 4. Markus M. Haefliger, »Westliche Hilfe lenkt von den Ursachen der Misere Afrikas ab«, *NZZ am Sonntag*, 30.1.2005. Heinrich Langerbein, »Überholte Rezepte behindern den Aufstieg aus der Armut«, *NZZ*, 10./11.9.2005.

103 Milton Friedman, *Foreign Economic Aid. Means and Objectives*, Essays on Public Policy, No. 60, Hoover Institution, Stanford University 1995, S. 12 (1. Auflage 1958).

104 Vgl. Peter Niggli: *Die Medienkampagne gegen die Entwicklungszusammenarbeit in der Schweiz*, www.alliancesud.ch/deutsch/files/T_EkDz.pdf.

105 Mark McGillivray, Simon Feeny, Niels Hermes and Robert Lensink, *It Works; It Doesn't; It Can, But That Depends... 50 Years of Controversy over the Macroeconomic Impact of Development Aid*, Research Paper, No. 54, WIDER, Helsinki 2005.

106 Hristos Doucouliagos, Martin Paldam, *The Aid Effectiveness Literature. The Sad Result of 40 Years of Research*, Department of Economics Working Paper, No. 2005-15, University of Aarhus, 2005.

107 Weltbank, *Assessing Aid. What Works, What Doesn't, and Why*, Washington D.C. 1998. Craig Burnside, David Dollar, *Aid, Policies and Growth*, Policy Research Paper 1777, World Bank, Washington 1997.

108 a.a.O., S. 33.

109 Nicht eingerechnet sind die Summen, die in den Geberländern bleiben (siehe Kapitel 7). Seit Burnside/Dollar verwenden die Wachstumsstudien zudem nicht mehr die OECD-Daten, sondern eigens aufbereitete Daten der Weltbank. Charles Chang et al. hatten nachgewiesen, dass in den OECD0Daten das Schenkungselement der Entwicklungshilfekredite systematisch überschätzt wird und entsprechend die OECD-Nettohilfe höher ausfällt als das, was tatsächlich in den Ländern ankommt (Charles C. Chang, Eduardo Fernandez-Arias, Luis Serven, *Measuring Aid Flows: A New Approach*, World Bank Policy Research Working Paper, No. 2050, World Bank, Washington D.C. 1998).

110 Siehe zum Beispiel Elliot Berg, *Increasing the Effectiveness of Aid: A Critique of Some Current Views*, Expert Group Meeting, Department of Economic and Social Affairs, United Nations, January 24-25, 2002.

111 Michael Clemens, Steven Radelet, Rikhil Bhavnani, *Counting chickens when they hatch: The short term effect of aid on growth*, Working Paper, No. 44, Center for Global Development, Washington 2004.

112 Sanjay G. Reddy, Camelia Minoiu, *Development Aid and Economic Growth: A Positive Long-Run Relation*, Columbia University, New York 2006, S. 29. Bei Reddy/Minoiu sind die »Gleichgesinnten« Dänemark, Finnland, Norwegen, Schweden und Island plus Österreich, Kanada, Luxemburg, Niederlande und die Schweiz. Es gibt seit Längerem eine Kooperation unter *like minded* oder gleichgesinnten Geberländern, welche eine entwicklungsorientierte Hilfe geben. Heute macht auch Großbritannien in der losen Kooperation mit. Interessant ist, dass Reddy und Minoiu Modell und Daten der Wachstumsstudie der beiden IWF-Ökonomen Raghuram Rajan und Arvind Subramanian benutzen. Diese konnten mit den aggregierten Zahlen keine langfristige Wirkung der Hilfe auf das Wachstum nachweisen. Das Papier hat damit gegen die Studie von Clemens, Radelet und Bhavnani argumentiert (Raghuram G. Rajan, Arvind Subramanian, *Aid and Growth: What Does the Cross-Country Evidence Really Show?*, IMF Working Paper 127, International Monetary Fund, Washington 2005).

113 Patrick Guillaumont, *Reducing Poverty by Aid Reallocation: Uncertainties and Alternative Assumptions*, Commentaire de l'article de P. Collier et D. Dollar présenté à la Conférence Annuelle de la Banque mondiale sur l'Economie du Développement (ABCDE) Europe, Paris, Juin 1999.

114 Rolph van der Hoeven, *»Assessing Aid« and Global Governance. Why poverty and redistribution objectives matter*, Employment Paper, 2000/8, International Labour Organization, Geneva 2000.

115 Axel Dreher, Peter Nunnenkamp, Rainer Thiele, *Does Aid for Education Educate Children? Evidence from Panel Data*, Working Paper No. 1290, Institute for the World Economy, Kiel 2006, S. 3.

116 Philipp Harms, Matthias Lutz, »Macroeconomic Effects of Foreign Aid«, in: H. Ahrens (Ed.), *Development Cooperation – Evaluation and New Approaches*, Berlin 2005. Zit. in Axel Dreher, Peter Nunnenkamp, Rainer Thiele, a.a.O., S. 5.

117 Siehe Henrik Hansen, Finn Tarp, »Aid effectiveness disputed«, in: Tarp, Finn et al., For*eign Aid and Development. Lessons Learnt and Directions for the Future*, London 2000. Und

William Easterly, Ross Levine, David Roodman, *New Data, New Doubts: Revisiting »Aid, Policies, and Growth«*, Working Paper No. 26, Center for Global Development, Washington 2003.

118   David Dollar, Aart Kraay, *Growth is Good for the Poor*, Washington 2000. Paul Collier, David Dollar (Eds.), *Globalization, growth, and poverty. Building an Inclusive World Economy*, World Bank Policy Research Report, Washington 2001.

119   Abhijit Banerjee, Angus Deaton, Nora Lustig, Ken Rogoff et al., *An Evaluation of World Bank Research, 1998–2005*, www.tinyurl.com/yck7wc.

120   Joseph Stiglitz, *International Justice and Aid: Do We Need Some Scheme of Redistribution of Income at the World Level?*, Remarks at the XIII Plenary Session of the Pontifical Academy of Social Sciences, The Vatican, April 28, 2007.

121   Milton Friedman, *Foreign Economic Aid. Means and Objectives*, Essays on Public Policy, No. 60, Hoover Institution, Stanford University 1995, S. 2, 16., 1. Aufl. 1958. Die liberalen Kritiker blieben in den Sechzigerjahren eine kleine Minderheit. In den Achtzigerjahren setzten sich jedoch ihre Ansichten zur Entwicklungshilfe durch. Sie prägten die Programme der »strukturellen Anpassung«. Allerdings blieb ein Widerspruch: Während die reine Lehre die ersatzlose Abschaffung der Hilfe predigte und predigt, benutzten die neuen marktradikalen Funktionäre der Geberinstitutionen die Hilfe als machtpolitischen Hebel, um den Entwicklungsländern ihre wirtschaftspolitischen Vorstellungen aufzuzwingen. Darauf machte John Toye aufmerksam in: *Dilemmas of Development. Reflections on the Counter-Revolution in Development Theory and Policy*, Oxford 1987, S. 55.

122   Albert O. Hirschman, a.a.O., S. 45.

123   Siehe Michael Cernea, *The Economics of Involuntary Resettlement: Questions and Challenges*, Weltbank, Washington 1998. Einen Überblick über die Einzelforschung zum Thema gibt Jason Stanley, *Development-induced displacement and resettlement*, www.forcedmigration.org/guides/fmo022/fmo022.pdf.

124   Leenco Lata, *The Horn of Africa as Common Homeland. The State and Self-Determination in the Era of Heightened Globalization*, Waterloo (Ontario) Canada 2004, S. 36.

125   *Washington Post*, 21.5.1997, Kolumne von Nora Boustany (zit. in William Blum, *Rogue State. A Guide to the World's Only Superpower*, Monroe ME 2001, 2. Aufl., S. 138).

126   Das ist ein Kondensat aus Artikeln der *Neuen Zürcher Zeitung*. Siehe Peter Niggli, *Die Medienkampagne gegen die Entwicklungszusammenarbeit in der Schweiz*, www.alliancesud.ch/deutsch/files/T_EkDz.pdf.

127   *Sonntagszeitung*, 22. Oktober 2006.

128   Mahmood Mamdani, *Citizen and Subject. Contemporary Africa and the Legacy of Late Colonialism*, Princeton (N.J.) 1996, S. 285.

129   Franz Steinegger im *Blick*, 18.10.2006.

130   Max Frenkel in der *Weltwoche*, 24.8.2006.

131   Mahmood Mamdani, a.a.O.

132   Alice Amsden, *The Rise of »The Rest«. Challenges to the West from Late-Industrializing*

Economies, New York 2001, S. 17, www.populstat.info/, Link zu Südkorea. Angaben zur Hilfe in teuerungsbereinigten Dollarwerten aus *OECD Development database online* und *US Overseas Loans and Grants (Greenbook)*.

133 Als *scramble for Africa* wurde der Wettlauf der europäischen Mächte in der zweiten Hälfte des 19. Jahrhunderts bezeichnet, sich Territorien und Kolonien in Afrika zu sichern.

134 Die PPP-Werte Weltbank-Datenbank sind nicht identisch mit denjenigen von Maddison, wegen Berechnungsunterschieden und weil die Weltbank mit Dollarwerten von 2000 und Maddison mit solchen von 1990 rechnet.

135 Siehe die sehr interessante Studie von Harry Stephan, Michael Power, Angus Fane Hervey und Raymond Steenkamp Fonseca von der Universität Cape Town, Südafrika: *The Scramble for Africa in the 21st Century. A View from the South*, Cape Town 2006.

136 Mahmoud Hussein, *Versant sud de la liberté. Essai sur l'émergence de l'individu dans le tiers monde*, Paris 1993, S. 185. Mahmoud Hussein ist das Pseudonym der zwei ägyptischen Politologen Bahgat Elnadi und Adel Rifaat.

137 Joseph Stiglitz (1998a), *More Instruments and Broader Goals: Moving Toward the Post Washington Consensus*, the 1998 WIDER Annual Lecture, January 7th, Helsinki.

138 Die »Revolution« gegen den Marktfundamentalismus in der Weltbank blieb auf halbem Wege stehen. Stiglitz wurde schon 2000 auf Drängen der USA aus der Bank hinausgedrängt.

139 William Easterly, »Can Foreign Aid Buy Growth?«, *Journal of Economic Perspectives*, Vol. 17, No. 3, 2003.

140 Jan Willem Gunning, *Rethinking Aid*, Paper for the 12th Annual Bank Conference on Development Economics (ABCDE), April 18–20, Weltbank, Washington 2000.

141 Arjan Verschoor, *Strategic Aid Allocation in the 21st Century: Lessons from the 1980s and 1990s*, Paper prepared for the Statistical and Social Inquiry Society of Ireland seminar: Ireland's Policy to Africa: Trade & Aid, Dublin, 6th April 2006.

142 Zit. in William Easterly, »Can Foreign Aid Buy Growth?«, a.a.O., S. 25.

143 www.mca.gov. Siehe auch: www.cgdev.org/section/initiatives/_active/mcamonitor, den MCA-Monitor des Global Center for Development. Verträge haben Armenien, Benin, El Salvador, Georgien, Ghana, Honduras, Kapverden, Lesotho, Madagaskar, Mali, Marokko, Mosambik, Mongolei, Nicaragua, Tansania und Vanuatu.

144 Weltbank, *Review of the Performance-Based Allocation System*, IDA10-12, OED IDA Review, Operations Evaluation Department, Washington 2001.

145 IDA, *Country Policy and Institutional Assessment (CPIA)*, 2006 Assessment Questionnaire, S. 3, http://siteresources.worldbank.org/IDA/Resources/CPIA2006Questionnaire.pdf.

146 Vgl. auch Elliot Berg, *Increasing the Effectiveness of Aid: A Critique of Some Current Views*, Expert Group Meeting, Department of Economic and Social Affairs, United Nations, January 24–25, 2002.

147 Patrick Guillaumont, Lisa Chauvet, *Aid and Performance: A Reassessment*. Clermont-

Ferrand, Working Paper 9910, Centre d'Etudes et de Recherches sur le Développement International (CERDI), Paris 1999.

148 Denis Cogneau, Jean-David Naudet, *Who deserves aid? Equality of opportunity, international aid and poverty reduction*, Document de travail N. 2004/10, DIAL Développement et insertion internationale, Paris 2004.

149 Eurodad, *Moving Beyond Good and Bad Performance. Why the Emphasis on »Selectivity« Could Undermine the Current Focus on Ownership, Participation, and Poverty Reduction*, Brussels 2002. Alliance Sud ist Mitglied von Eurodad.

150 OECD/DAC, »Development Co-operation. 2001 Report«, *The DAC Journal*, Vol. 3, No. 1, Paris 2002, S. 148.

151 Die Pilotprogramme betrafen Angola, die Zentralafrikanische Republik, Somalia und Sudan (UNDP, *Annual Report of the Administrator 2002*, Executive Board, Annual session 2003, New York).

152 OECD/DAC, *Poor Performers: Basic Approaches for Supporting Development in Difficult Partnerships*, Paris 2001.

153 A.a.O., S. 9.

154 World Bank, *Group Work in Low-Income Countries Under Stress: A Task Force Report*, Weltbank, Washington 2002. Zit. in: OECD/DAC, *Oxford Policy Management: Aid allocation criteria: Results based frameworks and aid to difficult partnerships*, Paris 2005, S. 49.

155 A.a.O., S. 44.

156 Nicholas Leader, Peter Colenso, *Aid Instruments in Fragile States*, PRDE Working Paper 5, UK Department for International Development, London 2005, S. 9.

157 Victoria Levin, David Dollar, *The Forgotten States: Aid Volumes and Volatility in Difficult Partnership Countries (1992–2002)*, Summary Paper prepared for DAC Learning and Advisory Process on Difficult Partnerships, 2005.

158 A.a.O., S. 18.

159 Zit. in Andrew Natsios, »Five Debates on International Development: The US Perspective«, in: *Development Policy Review*, Vol. 24, No. 2, 2006, S. 132.

160 A.a.O., S. 132, 137.

161 A.a.O., S. 131.

162 Bislang liegen zwei Berichte vor. OECD/DAC, *Monitoring Resource Flows to Fragile States*, 2005 Report. Und *Monitoring Resource Flows to Fragile States*, 2006 Report, Paris, beide 2006.

163 Siehe Nicholas Leader, Peter Colenso, *Aid Instruments in Fragile States*, PRDE Working Paper 5, UK Department For International Development, London 2005, S. 12.

164 A.a.O., S. 7.

165 Ashraf Ghani, Clare Lockhart, Michael Carnahan, *Closing the Sovereignty Gap: an Ap-*

proach to State-Building, Working Paper 253, Overseas Development Institute (ODI), London 2005, S 4.

166 Der Erfinder des Konzepts geteilter Souveränität ist Stephen Krasner von der Stanford University. Er konnte seine Ideen 2005–2007 im State Department einbringen, wo er den policy planning-Stab leitete.

167 Uno-Deklaration von1970: »Declaration on Principles of International Law Concerning Friendly Relations and Cooperation among States« und Uno-Deklaration von 1960: »Declaration on the Granting of Independence to Colonial Countries and Peoples«, zit. in David Chandler, International State-Building: Beyond Conditionality, Beyond Sovereignty, Guest Seminar, Royal Institute for International Relations (IRRI-KIIB), Brussels, 17 November 2005, S. 11.

168 ICISS, Responsibility to Protect, International Development Research Center, Ottawa 2001, zit. in: Chandler, a.a.O. S. 7.

169 International CSO Steering Group, From Paris 2005 to Accra 2008: Will Aid Become More Accountable and Effective? A Critical Approach to the Aid Effectiveness Agenda, Draft 2008, S. 3, www.betteraid.org.

170 IDD and Associates, Evaluation of General Budget Support: Synthesis Report, Birmingham 2006, www.oecd.org/dataoecd/42/38/36685401.pdf.

171 www.alliancesud.ch/deutsch/files/P_AtLn.pdf.

Alliance Sud

Alliance Sud ist die gemeinsame entwicklungspolitische Arbeitsgemeinschaft der Hilfswerke Swissaid, Fastenopfer, Brot für alle, Helvetas, Caritas und Heks. Sie setzt sich für globale Gerechtigkeit und eine nachhaltige Entwicklung ein und will die Politik der Schweiz entsprechend beeinflussen.

Alliance Sud wurde als Arbeitsgemeinschaft der Hilfswerke 1971 gegründet. Der Hauptsitz ist in Bern, Regionalstellen finden sich in Lausanne und Lugano.

Entwicklungspolitik

Inhaltliche Schwerpunkte sind die Bereiche Entwicklungszusammenarbeit, Handel, internationale Finanzbeziehungen und Finanzplatz Schweiz, Steuerwettbewerb und Steuerflucht, Entschuldung, Umweltpolitik mit Schwerpunkt Klima sowie der Zugang zu sauberem Trinkwasser für alle.

> www.alliancesud.ch/kampagnen

Öffentliche Dokumentationszentren

In Bern und Lausanne führt die Alliance Sud öffentlich zugängliche Dokumentationszentren. Dort finden Sie Informationen über die Entwicklungsländer und Osteuropa, die Nord-Süd-Beziehungen sowie zu über 500 entwicklungspolitisch relevanten Stichworten.

> www.alliancesud.ch/dokumentation

Alliance Sud Expertise

Alliance Sud Expertise (früher: Entschuldungsstelle) bearbeitet für Dritte Aufträge konzeptioneller und operationeller Art. Die thematischen Schwerpunkte sind Armutsbekämpfung und zivilgesellschaftliche Partizipation.

> www.alliancesud.ch/expertise

Bildungsstelle

Die Bildungsstelle von Alliance Sud produziert zu ausgewählten Themen Materialien für den Schulunterricht.

> www.alliancesud.ch/bildung

Publikationen

Die Zeitschrift *GLOBAL+* informiert viermal jährlich zu aktuellen Themen der Globalisierung und Entwicklungspolitik und über die Aktivitäten von Alliance Sud. Jahresabo: Fr. 25.–/Jahr. Probeexemplare unter mail@alliancesud.ch.

In der Reihe *GLOBAL+dokument* veröffentlicht Alliance Sud Diskussionsbeiträge und Positionsbezüge zu wichtigen Themen.

> www.alliancesud.ch/publikationen

Website

Auf der viersprachigen Website von Alliance Sud finden Sie eine Fülle von entwicklungspolitischen Informationen, Hinweise über die Angebote der Dokumentationszentren und der Bildungsstelle sowie einen gesamtschweizerischen Veranstaltungskalender.

> www.alliancesud.ch

Adresse

Alliance Sud, Monbijoustrasse 31, Postfach 6735, 3001 Bern.
Tel. 0041 (0)31 390 93 30, Fax 0041 (0)31 390 93 31,
mail@alliancesud.ch
PC 30-36070-0

Peter Niggli
Nach der Globalisierung
Entwicklungspolitik im
21. Jahrhundert

Hrsg. von der Arbeitsgemeinschaft
Swissaid · Fastenopfer · Brot für
alle · Helvetas · Caritas · Heks

Vorwort von Bundesrätin
Micheline Calmy-Rey
140 Seiten, Broschur
2. Auflage 2004
ISBN 978-3-85869-285-6
Fr. 18.–/Euro 11,50

Entwicklungsstrategien

Peter Niggli (Arbeitsgemeinschaft der Hilfswerke, heute Alliance Sud) warnt in seinem Essay vor der Illusion, man könne die wirtschaftliche Globalisierung durch soziale und ökologische Leitplanken zivilisieren. Demokratie und Selbstbestimmung sind mit voller ökonomischer Integration aller Länder nicht vereinbar. Der Autor fordert ein neues weltwirtschaftliches Regulationsregime, das den einzelnen Ländern mehr Spielraum für eigenständige Entwicklungsstrategien gibt und sie von der Zwangsjacke liberalisierter Finanzmärkte befreit.

*»Dem Buch kann man wünschen, es verschaffe dem
Anliegen der nachhaltigen Entwicklung wieder mehr
Aufmerksamkeit.«*　　NEUE ZÜRCHER ZEITUNG

Rotpunktverlag.

Elisabeth Hüttermann (Hrsg.)
Ich bin ...
Lebensgeschichten aus Bolivien

256 Seiten, Broschur, 2007
ISBN 978-3-85869-358-7
Fr. 38.–/Euro 24,–

Bolivien aus erster Hand

Mit »Ich bin ...« fangen viele der bolivianischen Geschichten in diesem Buch an. Es sind Geschichten von unten, von Menschen, die unter schwierigen Verhältnissen ihren Weg durchs Leben suchen. Sie sind Landarbeiter, Wäscherinnen, Sekretärinnen, Zeitungsverkäufer, Gemüsehändlerinnen etc.
Die Menschen und ihre Geschichten hat der Illustrator Jesús Pérez in seinen Zeichungen liebevoll und detailreich festgehalten. Eine Einführung zur politischen und wirtschaftlichen Lage setzt die Lebensgeschichten zu einem großen Puzzle des zeitgenössischen Bolivien zusammen.

»Ein hervorragender Reisebegleiter in die bolivianischen Provinzen und für die Daheimbleibenden eine informative Argumentationsquelle.« KLAUS JETZ, ILA

Rotpunktverlag.